P9-DFL-115

INGRESA A NUESTRO APOYO ONLINE
www.aguilar.quetaltuingles.com

¿Qué tal tu inglés?

© Dreamstime.com de todas las fotografías de interior y cubierta.

¿Qué tal tu inglés?
Primera edición: julio de 2015
D. R. © 2015, TRIALTEA USA

D. R. © 2015, derechos de la presente edición en lengua castellana:
Penguin Random House Grupo Editorial USA, LLC.,
8950 SW 74th Court, Suite 2010
Miami, FL 33156

ISBN: 978-1-941999-39-4

Impreso en Estados Unidos

¿QUÉ TAL TU INGLÉS?

Introducción

En tus manos se encuentra el primer volumen de **"¿Qué tal tu inglés?"**, que te ayudará a practicar y consolidar tus conocimientos de la lengua inglesa, así como enriquecer los mismos aprendiendo detalles de la cultura estadounidense, geografía, datos curiosos de la vida en EEUU, etc.

El enfoque de **"¿Qué tal tu inglés?"** es eminentemente práctico, pues compila en diferentes secciones el vocabulario y expresiones comunes que se usan en determinadas situaciones o contextos, como son en el desarrollo de algunas profesiones, en la obtención de documentos, en la búsqueda de trabajo, etc., es decir, en situaciones realmente prácticas en la vida cotidiana.

En cada capítulo encontrarás también pequeñas cápsulas de información sobre algún aspecto de la gramática inglesa, así como ejercicios para mantener siempre frescos tus conocimientos. El contenido de las distintas secciones, así como de las actividades que se muestran, responde a diferentes niveles de dificultad, con el fin de satisfacer las necesidades de todos los lectores.

Y como también se puede practicar y aprender de una forma divertida, en cada capítulo encontrarás ejercicios, crucigramas, sopas de letras y/o chistes, que harán mucho más entretenido tu aprendizaje.

Estamos convencidos de que **"¿Qué tal tu inglés?"** te resultará de mucha utilidad y gran ayuda, particularmente si acabas de llegar a Estados Unidos o tienes intención de hacerlo, y necesitas expresarte y comprender el lenguaje que se usa en determinadas situaciones. Por ello te animamos a que aprendas, practiques y te diviertas con nosotros, y te invitamos a comenzar a hacerlo a partir de ahora.

Índice

9

Lupita Nyong'o and the language of love

10

You are invited into Paris Hilton's living room

11

Ashton Kutcher will make you a baseball fan

01

1

Story of the day

At the supermarket

Muchos de nosotros disfrutamos cuando tenemos que ir a un supermercado a hacer las compras; buscamos productos nuevos, recorremos las diferentes secciones, e incluso las que tienen productos que no necesitamos. Nos fijamos qué mercadería está en oferta... ¡y terminamos comprando mucho más de lo que apuntamos en nuestra lista!

Frases comunes

- ***Where are the shopping carts?***
  ¿Dónde están los carritos?
- ***How much sugar do we need?***
  ¿Cuánto azúcar necesitamos?
- ***I'll get some rice.***
  Me llevaré arroz.
- ***How much are the carrots?***
  ¿Cuánto valen las zanahorias?
- ***Where can I find the butter?***
  ¿Dónde puedo encontrar la mantequilla?
- ***It's up (down) there.***
  Está allí arriba (abajo).
- ***I've gotten everything on my list.***
  Ya tengo todo lo que estaba en mi lista.
- ***It's a special offer.***
  Es una oferta especial.
- ***I would like a carton of reduced fat milk.***
  Quiero un cartón de leche semidesnatada.

#Vocabulario

02

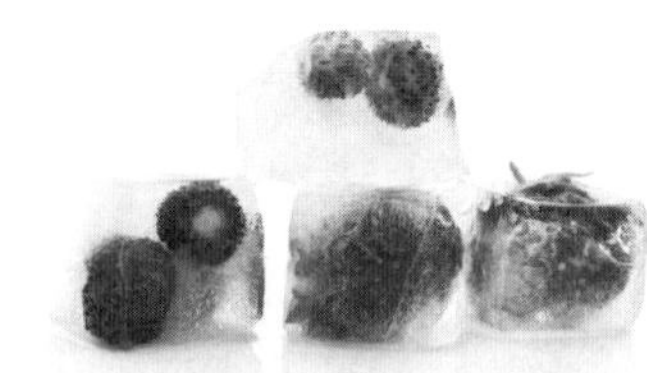

- ***meat*** *carne*
- ***fish*** *pescado*
- ***dairy products*** *productos lácteos*
- ***seafood*** *marisco*
- ***vegetables*** *vegetales*
- ***frozen food*** *comida congelada*

OUR SMS

AL REFERIRNOS A UNA DOCENA DE HUEVOS, DIREMOS "A DOZEN EGGS". NO ES CORRECTO USAR "OF" DELANTE DE "EGGS".

03

Cada oveja con su pareja

Relaciona cada expresión en inglés con su equivalente en español.

beef	A	☐	carne de res
beverages	B	☐	pasillo
groceries	C	☐	productos de alimentación
items	D	☐	bebidas
aisle	E	☐	artículos

Recuerda lo básico

*Para preguntar "dónde" se encuentra algo o alguien usaremos en inglés **"where"**, como:*

Where are the shopping carts?
¿Dónde están los carritos?

Where is the supermarket?
¿Dónde está el supermercado?

Soluciones

#Cada oveja con su pareja: beef › carne de res • beverages › bebidas • groceries › productos de alimentación • items › artículos • aisle › pasillo.
#Cada cosa en su lugar: a) pick, b) stand, c) give.

04

Vida en ESTADOS UNIDOS

La bandera estadounidense tiene barras y estrellas, y ambas tienen su significado. Las 13 barras blancas y rojas representan las 13 colonias originales que existían en lo que hoy es Estados Unidos antes de la independencia de los ingleses, en 1776. Las 50 estrellas blancas sobre el fondo azul representan los 50 estados que forman actualmente los Estados Unidos. De hecho, son 49 estados y un distrito, el Distrito de Columbia, que es donde se encuentra la capital del país, Washington.

#Ojo

Cuando usemos "tampoco" en una frase negativa, en inglés lo podemos hacer de varias maneras. Una de ellas es usando **"either"** al final de la frase.

De esta forma: **Amy doesn't like fish and her mother doesn't like it either.**
A Amy no le gusta el pescado y a su madre no le gusta tampoco.

#Cada cosa en su lugar

Identifica el lugar que le corresponde a cada una de las siguientes palabras:
give, pick, stand.

a) I want to .... up a cake I ordered yesterday.

b) The students .... up when the teacher comes into the classroom.

c) Ricky is trying to .... up smoking.

#Ponlo en práctica

Para preguntar por el precio de algún producto usamos **"How much"**

Así: **How much is the salmon?** ¿Cuánto cuesta el salmón?

Pero **"how much"** también se usa para preguntar por cantidad, siempre que nos refiramos a algún producto que no podamos contar, es decir, que no tenga forma de plural, como "milk".

Observa: **How much milk did you buy?** *¿Cuánta leche compraste?*

¿Será que lo sé?

1.- Indicar las contracciones que corresponden a estas expresiones:

a) It is ....

b) We are ....

c) I am ....

d) They are ....

2.- Completar los espacios con el verbo correspondiente.

a) Anthony .... in the city when it was raining.
(came / arrived / got)

b) They .... home at five.
(swam / traveled / went)

c) I............................ past the supermarket everyday.
(drive / travel / get)

05

Soluciones

1.- a) It's, b) We're, c) I'm, d)They're.

2.- a) arrived, b) went, c) drive

FUENTES FOTOGRÁFICAS

01 © Martin Schlecht | Dreamstime.com
02 © Eskymaks | Dreamstime.com
03 © Elnur | Dreamstime.com
04 © Vladek | Dreamstime.com
05 © Jaromír Chalabala | Dreamstime.com

01

Story of the day

Looking for a job

Buscar empleo es una tarea que requiere tiempo y dedicación. Podrás comenzar leyendo los anuncios clasificados de los periódicos, preguntar si necesitan empleados en empresas en las que te interesaría trabajar, navegar por internet o preguntarle a amigos y familiares, entre otras cosas.

Frases comunes

- ***I need to apply for a job.***
  Necesito solicitar un empleo.
- ***Is he looking for a job?***
  ¿Está buscando trabajo?
- ***It's impossible to earn a living without a job.***
  Es imposible ganarse la vida sin trabajo.
- ***I had a well-paid job but I lost it. I'm unemployed at the moment.***
  Tenía un trabajo bien remunerado pero lo perdí. Ahora estoy desempleado.
- ***Are you hiring?***
  ¿Están buscando empleados?
- ***You must fill out a job application.***
  Debes rellenar una solicitud de trabajo.
- ***Is it a part-time or a full-time job?***
  ¿Es un trabajo de media jornada o de jornada completa?
- ***Are you receiving unemployment?***
  ¿Estás recibiendo la prestación por desempleo?

#Vocabulario

 02

- ***work*** *trabajar*
- ***job opportunity*** *oportunidad de trabajo*
- ***job application*** *solicitud de trabajo*
- ***post, position*** *puesto (de trabajo)*
- ***wage, salary, pay*** *salario*
- ***interview*** *entrevista*

OUR SMS 

AL HABLAR DE TRABAJO, USAMOS "JOB" AL REFERIRNOS AL PUESTO DE TRABAJO Y "WORK" A LA TAREA O FAENA QUE SE REALIZA.

Completa

¿Cuál es la opción que no es correcta para completar la siguiente frase?

Here you can buy the newspaper .... a magazine.

A or
B but
C and

Cada oveja con su pareja

Relaciona cada expresión en inglés con su equivalente en español.

résumé	A	☐	empleador, patrón
employer	B	☐	horas extra
overtime	C	☐	empleado
employee	D	☐	curriculum vitae
pay raise	E	☐	aumento de sueldo

Recuerda lo básico

*Cuando queremos expresar contraste o contraposición, una manera sencilla de hacerlo es usando **"but"**, como:*

It's hard work, but I like it.
Es un trabajo duro, pero me gusta.

She wants to go to the movies, but I don't.
Ella quiere ir al cine, pero yo no.

Soluciones

#Completa: b;
#Cada oveja con su pareja: résumé›curriculum vitae • employer› empleador, patrón • overtime›horas extra • employee›empleado • pay rise›aumento de sueldo;
#¿Qué crees?: a, c, d;
#Es tu turno: a) for, b) work, c) to.

03

Vida en ESTADOS UNIDOS

Los estadounidenses viven pendientes del reloj, y por lo rápido que se vive en el país, desde primera hora del día las actividades suelen están programadas al minuto. Esto deberás tenerlo en cuenta si quieres relacionarte bien con ellos, sea socialmente o por trabajo. No llegues tarde a tus citas, porque es considerado una falta de respeto o de profesionalidad. Tampoco aparezcas en las casas de tus amigos y conocidos estadounidenses sin avisar. No está bien visto. Siempre procura acudir a todos los lugares habiendo avisado antes que vas para a encontrarte con alguien. Así que, ¡a ser puntual!

#Ojo

Al referirnos al trabajo para una empresa usamos **"work for"**:
He was working for Chrysler. *Estuvo trabajando para Chrysler.*

En cambio, al referirnos al área o tipo de trabajo desempeñado, usamos **"work in"**:
I am working in the sales department. *Estoy trabajando en el departamento de ventas.*

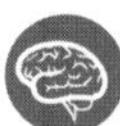

#¿Qué crees?

¿Cuáles de las siguientes opciones pueden ser respuesta a la siguiente pregunta?
Did he finally get a job?...............

a) I don't think so.
b) Neither did I.
c) Yes, he did.
d) No, he didn't get it.

#Es tu turno

Elige la opción adecuada en cada caso.

a) They worked for that company **(for/since)** two years.

b) Replying to emails is part of my **(work/job)**.

c) She is working hard **(for/to/for to)** get a promotion.

#Ponlo en práctica

"Yet" se usa en frases negativas con el sentido de *"todavía"* o *"aún"* y se coloca al final de la frase. Veamos unos ejemplos:

I don't know my duties yet. *No conozco mis obligaciones todavía.*
The kids haven't arrived yet. *Los niños no han llegado todavía.*

¿Será que lo sé?

1.- ¿Cuál de las siguientes expresiones no se usa como despedida?

a) See you later!

b) Till next time!

c) Good evening!

2.- Elegir la preposición adecuada al final de cada pregunta.

a) Who is she going to the movies ....?
(for, with, from)

b) Who did you buy this gift ....?
(about, for, from)

c) Who are you thinking ....?
(to, for, about)

04

Soluciones

1.- a) Good evening!
2.- a) with, b) for, c) about

FUENTES FOTOGRÁFICAS

01 © Spflaum | Dreamstime.com
02 © Nyul | Dreamstime.com
03 © Vladimir Nikulin | Dreamstime.com
04 © Hongqi Zhang | Dreamstime.com

01

Un día con Jennifer Lopez en Nueva York

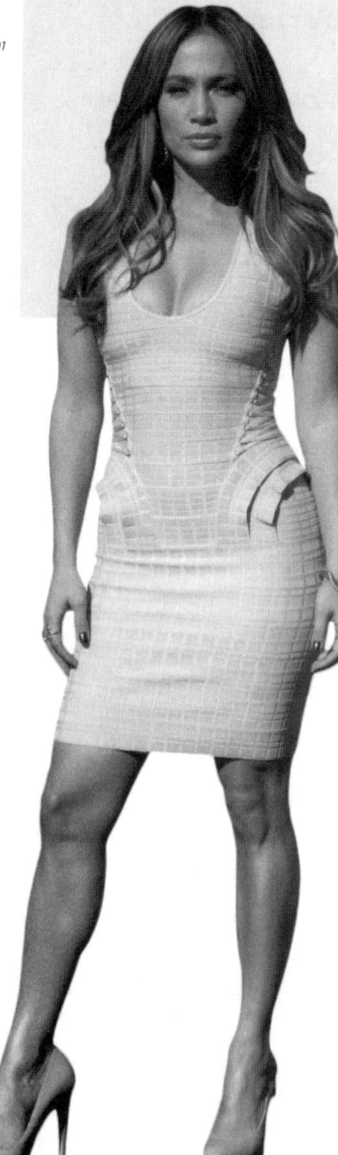

¿Quieres acompañar a J. Lo a pasar un día en Nueva York? Si es así, te conviene practicar las siguientes expresiones, que seguramente tendrás que utilizar.
La conversación sobre el tiempo o el clima siempre será inevitable, por lo que sería preciso que conocieras algo de vocabulario al respecto.

The Weather - El tiempo

Para hablar sobre el tiempo se usa el pronombre "it".

- ***It is hot.***
  Hace calor.
- ***It is warm.***
  Hay un ambiente cálido.
- ***It was cool.***
  Hacía fresco.
- ***Is it cold?***
  ¿Hace frío?
- ***It is sunny now, but it was cloudy before.***
  Está soleado ahora pero estaba nublado antes.
- ***Yesterday it was windy.***
  Ayer hacía viento.
- ***It is raining.***
  Está lloviendo.
- ***Does it snow here in winter?***
  ¿Nieva aquí en invierno?

Y para decir cómo te sientes en cuanto al clima, lo puedes hacer así:

- ***I am hot. Let's open the window.***
  Tengo calor. Abramos la ventana.
- ***I am cold. Can we go somewhere warmer?***
  Tengo frío. ¿Podemos ir a un lugar más cálido?
- ***Winter nights are very cold here.***
  Las noches de invierno son muy frías aquí.

Mejora tu pronunciación

02

*El sonido que forman las consonantes **"th"** no existe como tal en español, pero es similar al sonido de la **"d"** cuando aparece en el medio de alguna palabra, como en "cada" o "nido", aunque más fuerte.*
Ej.: they, mother, other, this, father, bathe o clothes.

Soluciones

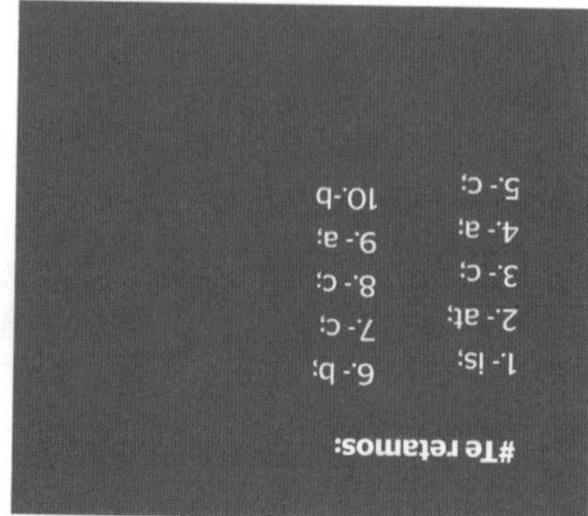

03

Te retamos

¿CONSEGUIRÁS RESPONDER A TODAS LAS PREGUNTAS?
Las siguientes preguntas tienen una dificultad creciente.
Juega con nosotros e intenta llegar hasta la última sin cometer errores.

1. Completa el espacio con la opción adecuada (am / are/ is).
Maria .... Mexican.

2. ¿Cuál es la preposición correcta que se usa en la siguiente expresión? (on / at / in)
.... night.

3. ¿Cuál de las siguientes palabras no está relacionada con las demás?
a) spring **b)** fall **c)** term

4. Señala la opción con el mismo significado que la siguiente frase:
I walk to work everyday.
a) I go to work on foot everyday
b) I go to work by foot everyday
c) I don't go to work everyday

5. Señalar la opción correcta para completar la frase:
Don't .... your money! You need it to pay the rent.
a) invest **b)** save **c)** waste

6. ¿Cuál de las siguientes expresiones se usa para preguntar por el tiempo que hace?
a) How is the weather like?
b) What is the weather like?
c) What is it the weather like?

7. Señalar la opción correcta para completar la frase:
I don't like the brown shoes. I prefer the ....
a) blue one **b)** brown ones **c)** blue ones

8. Completa la pregunta con la opción correcta:
.... you buy some bread?
a) Why not **b)** How about **c)** Why don't

9. Elige la opción adecuada para completar la frase:
He .... for a loan because he was in debt.
a) applied **b)** put **c)** took

10. ¿Qué verbo es el que se adecuaría a la frase?
After sending an email I ....
a) logged in **b)** logged off **c)** logged on

¿Será que lo sé?

1.- Completar el crucigrama con las nacionalidades que corresponden a los distintos países.

Across
4. Spain

Down
1. Japan
2. Mexico
3. United States

2.- Usar "but", "however" o "although" en los espacios correspondientes.

a) I'm not studying French .... English.

b) I live in a big house. ...., it is not very comfortable.

c) .... he likes tennis, he never plays a game.

04

Soluciones

1.- 1. JAPANESE, 2. MEXICAN, 3. AMERICAN, 4. SPANISH
2.- a) But, b) However, c) Although

FUENTES FOTOGRÁFICAS

01 © Martin Schlecht | Dreamstime.com
02 © Yulia Grigoryeva | Dreamstime.com
03 © Brett Critchley | Dreamstime.com
04 © Melissa King | Dreamstime.com

01 

J. Lo, superstar

Jennifer Lopez (1969, Nueva York), más conocida como J. Lo, es, entre otras cosas, cantante, actriz, bailarina, coreógrafa, productora discográfica, diseñadora de moda, empresaria y productora de televisión. Hija de puertorriqueños, su primer papel como protagonista en una película la convirtió en la primera actriz latina en ganar un millón de dólares.
En 1999 debutó como cantante, convirtiéndose de inmediato en una superestrella mundial, leyenda del pop y "sex symbol".

#Vocabulario

building *edificio* 02

skyscraper *rascacielos* 03

avenue *avenida* 04

quarter *barrio, cuadra* 05

borough *distrito metropolitano* 06

bridge *puente* 07

concert hall *sala de conciertos* 08

theater *teatro* 09

movie theater *cine* 10

OUR SMS 

¿SABES QUE LA ESTATUA DE LA LIBERTAD FUE UN REGALO DEL PUEBLO FRANCÉS CONMEMORANDO EL CENTENARIO DE LA DECLARACIÓN DE INDEPENDENCIA DE EEUU?

11

#Frases comunes

- **_You can't miss Times Square._**
  No te puedes perder Times Square.

- **_Come and let's walk along Fifth Avenue._**
  Ven y paseemos por la 5ª Avenida.

- **_Let's visit the Statue of Liberty._**
  Visitemos la Estatua de la Libertad.

- **_Did you know that "The Big Apple" is a nickname for New York City?_**
  ¿Sabías que "La Gran Manzana" es un apelativo de la ciudad de Nueva York?

- **_There are beautiful views from the Brooklyn Bridge._**
  Hay bonitas vistas desde el Puente de Brooklyn.

- **_What about going to a concert hall? Will there be tickets available?_**
  ¿Qué te parece si vamos a una sala de conciertos? ¿Quedarán entradas?

- **_There's a lot to see and do. Don't forget that New York is the city that never sleeps._**
  Hay mucho que ver y que hacer. No olvides que Nueva York es la ciudad que nunca duerme.

#Relaciona

Une con flechas las dos partes que conforman la frase.

Now that you mention it,	A	☐	us where to go.
Then he told	B	☐	that the subway was very crowded.
She didn't say	C	☐	I'd like to visit the MoMA.

#¿Lo sabes?

¿Cuál de estos parques no se encuentra en la ciudad de Nueva York?

A Hyde Park
B Central Park
C Flushing Meadows

#¿Será que lo sé?

1.- Encontrar cinco adjetivos posesivos en la sopa de letras.

R	I	A	F	Y	C	C
U	I	T	Q	N	X	S
O	J	E	S	C	I	T
Y	R	V	H	H	R	I
O	U	R	H	T	J	D
B	Y	B	K	G	S	B
O	R	W	I	X	O	W

2.- Completar el crucigrama con los equivalentes en inglés de las frutas que aparecen en español.

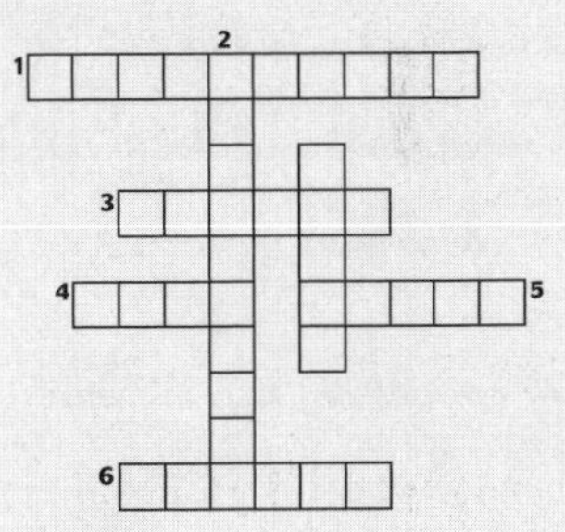

Across
1. Fresa
4. Cereza
5. Ciruela
6. Melocotón
7. Plátano

Down
2. Sandía
3. Uva

 12

#Soluciones

#¿Será que lo sé?:
1.- YOUR, HIS, ITS, OUR, THEIR.
2.- 1. STRAWBERRY, 2. WATERMELON, 3. GRAPE, 4. CHERRY, 5. PLUM, 6. PEACH.

#Relaciona:
a) 3, b) 1, c) 2.

#¿Lo sabes?:
a.

FUENTES FOTOGRÁFICAS

01 © Featureflash | Dreamstime.com
02 © Chachas | Dreamstime.com
03 © Jessica Kirsh | Dreamstime.com
04 © Lee Snider | Dreamstime.com
05 © Timrobertsaerial | Dreamstime.com
06 © Kenneth Summers | Dreamstime.com
07 © Konstantin32 | Dreamstime.com
08 © 27pixels | Dreamstime.com
09 © F11photo | Dreamstime.com
10 © Photoquest | Dreamstime.com
11 © Yulia Grigoryeva | Dreamstime.com
12 © Inga Nielsen | Dreamstime.com

 # Story of the day

Getting official documents

Los documentos de identidad que debes obtener en cuanto te sea posible para residir en EEUU son: la tarjeta del seguro social, que te servirá para obtener otros documentos y servicios sociales y te permitirá trabajar sin restricciones; la licencia de conducir, que podrás presentar cada vez que debas mostrar un documento de identidad; y, en caso de que no conduzcas, la tarjeta de identificación. También necesitarás el pasaporte y las actas de nacimiento, matrimonio y divorcio (si es el caso).

Frases comunes

- ***How do I apply for a social security card?***
  ¿Cómo obtengo una tarjeta del seguro social?
- ***What happens if I lose my card?***
  ¿Qué ocurre si pierdo mi tarjeta?
- ***Where can I get the forms?***
  ¿Dónde puedo conseguir los formularios?
- ***Where do I mail the forms?***
  ¿A dónde envío los formularios?
- ***When does your driver license expire?***
  ¿Cuándo vence su licencia?
- ***Can I complete the applications online?***
  ¿Puedo rellenar las solicitudes por internet?
- ***Where do I apply for a driver license?***
  ¿Dónde solicito una licencia de conductor?
- ***Do I have to pass any tests?***
  ¿Tengo que aprobar algún examen?
- ***Is there an application fee?***
  ¿Hay alguna tasa por la solicitud?
- ***What's the retirement age?***
  ¿Cuál es la edad de retiro / jubilación?

Vocabulario

- ***social security card***
  tarjeta del seguro social
- ***drivers license***
  licencia de conductor
- ***identification / ID card***
  tarjeta de identificación
- ***birth certificate***
  Acta de nacimiento
- ***insurance card***
  tarjeta del seguro
- ***marriage certificate***
  certificado de matrimonio
- ***dependent children***
  hijos a cargo
- ***retirement plan***
  plan de retiro / jubilación

Recuerda lo básico

*El verbo "**can**" expresa posibilidad y también habilidad para realizar alguna cosa, es decir, lo podemos traducir como "poder", y también como "saber" (hacer algo).*

*Hay que tener en cuenta que **"can"** es un verbo modal, por lo que, entre otras cosas, no añade una "s" para la tercera persona del singular del presente.*

Where can I get a copy of my birth certificate?
¿Dónde puedo conseguir una copia de mi acta de nacimiento?

She can speak three languages.
Ella sabe hablar tres idiomas.

Cada oveja con su pareja

Relaciona cada expresión en inglés con su equivalente en español.

renewal	A	☐	vencimiento
expiration	B	☐	reclamar, reclamación
insurance	C	☐	renovación
claim	D	☐	seguro
medical records	E	☐	historial médico

Soluciones

#Cada oveja con su pareja:
renewal 〉renovación • expiration 〉 vencimiento • insurance 〉seguro • claim 〉reclamar/reclamación • medical records 〉historial médico.
#Cada cosa en su lugar: a) renew, b) apply, c) receive, d) take.

02

Vida en ESTADOS UNIDOS

En Estados Unidos viven más de 300 millones de personas, lo que es tres veces la población de México y siete veces la de Colombia.
También es un país muy extenso. De este a oeste hay 4.500 kilómetros (distancia que tomaría 5 días recorrerla en auto) y cuatro zonas horarias. El país se divide en siete áreas geográficas:

Northeast: los estados del norte del lado este, hacia el Atlántico

Southeast: los estados del sur, también del lado Atlántico

South: los estados del sur

Midwest: los estados del centro y norte del país

Southwest: California y sus estados vecinos del sur

Northwest: los estados del lado oeste (Pacífico) y al norte: Alaska y Hawaii, ambos muy alejados de los otros 48 estados.

#Cada cosa en su lugar

Identifica el lugar que le corresponde a cada una de las siguientes palabras: receive, apply, take, renew.

A Can I .... my driver license in that office?

B Is it possible to .... online?

C My parents want to .... disability benefits.

D He wanted to .... another test.

OUR SMS

RECUERDA QUE PARA EXPRESAR PROCEDENCIA U ORIGEN USAREMOS LA PREPOSICIÓN FROM, COMO EN HE IS MEXICAN. HE IS FROM MICHOACAN.

¿Será que lo sé?

1.- Señalar la oración incorrecta.

a) These is my cousin

b) That is his uncle.

c) Those are her parents.

2.- Corregir el comparativo de superioridad en las oraciones que lo precisen.

a) Your computer is moderner than mine.

b) Is Betty more pretty than Mary?

c) This exercise is easy, but that one is more difficult.

03

Soluciones

1.- a) These is my cousin.

2.- a) Your computer is more modern than mine.

b) Is Betty prettier than Mary?,

c) -

FUENTES FOTOGRÁFICAS

01 © Popartic | Dreamstime.com

02 © Crowninvesting | Dreamstime.com

03 © Andres Rodriguez

01

Story of the day

What sports are you interested in?

Los deportes atraen a muchísima gente en todo el mundo. En Estados Unidos los deportes más populares son el fútbol americano, el béisbol y el básquetbol, mientras que en Europa y América Latina es el fútbol. También tienen muchos seguidores el tenis, el golf, el hockey sobre hielo, el ciclismo y el automovilismo. Ya sea como espectadores o como participantes, las actividades deportivas atraen la atención de millones de personas que concurren a las canchas o miran las competencias por televisión.

Frases comunes

- ***Are you good at sports?***
  ¿Eres bueno para los deportes?
- ***Do you know how to play volleyball?***
  ¿Sabes jugar al vóleibol?
- ***Do you play any sport?***
  ¿Juegas a algún deporte?
- ***My brother is on a basketball team.***
  Mi hermano está en un equipo de básquetbol.
- ***When does the season start?***
  ¿Cuándo empieza la temporada?
- ***The play-offs begin in two weeks.***
  Las eliminatorias empiezan dentro de dos semanas.
- ***Where do I buy the tickets?***
  ¿Dónde compro las entradas?
- ***Is the game on television?***
  ¿Transmiten el partido por televisión?
- ***They made it to the finals.***
  Llegaron a la final.
- ***Who's your favorite team?***
  ¿Cuál es tu equipo favorito?

Vocabulario

02

- ***game, match*** *juego, partido*
- ***player*** *jugador*
- ***coach*** *entrenador*
- ***home team*** *equipo local*
- ***away team, visitor*** *equipo visitante*
- ***referee*** *árbitro*
- ***half time*** *descanso, medio tiempo*
- ***score*** *marcador / tanteador, marcar / anotar*

OUR SMS 

EN INGLÉS AMERICANO EL TÉRMINO **"FOOTBALL"** EQUIVALE AL "FÚTBOL AMERICANO", MIENTRAS QUE EL "FÚTBOL TRADICIONAL" SE DENOMINA **"SOCCER"**.

Cada oveja con su pareja

Relaciona cada expresión en inglés con su equivalente en español.

standing	A	☐	campo de juego para criquet o béisbol
pitch	B	☐	campo de juego para fútbol o fútbol americano
court	C	☐	campo de juego para golf
field	D	☐	clasificación
course	E	☐	campo de juego para tenis, básquetbol o vóleibol

Completa

Elige la opción correcta para completar la frase.

There is a plane .... the stadium.

- A over
- B across from
- C court
- D away
- E behind

Recuerda lo básico

*La preposición **"on"** es muy utilizada en inglés, y algunos de sus usos son los siguientes: cuando queremos decir que alguien está o pertenece a un equipo, como en: **Paul and Fred are on the school soccer team** (Paul y Fred están en el equipo de fútbol escolar). Y también al referirnos a si un determinado programa se emite por la radio o por televisión: **I was able to watch the game on television** (Pude ver el partido en la televisión), **There is a new show you can watch on youtube** (Hay un nuevo programa que puedes ver en youtube).*

Soluciones

#Cada oveja con su pareja: standing > clasificación • pitch > campo de juego para criquet o béisbol • court > campo de juego para tenis, básquetbol o vóleibol • field > campo de juego para fútbol o fútbol americano • course > campo de juego para golf. **#Completa:** a; **#Cada cosa en su lugar:** a) help, b) get, c) score, d) make; **#Es tu turno:** "a" y "d".

03

Vida en ESTADOS UNIDOS

Si no puedes pronunciar muy bien una palabra en inglés, no importa, los estadounidenses lo aceptan y respetan tu acento latino. Por lo tanto, no tengas vergüenza de lanzarte a hablar inglés, porque hay mucha comprensión hacia los hablantes de otras lenguas cuando lo hacen. Esto se da porque EEUU es un país de inmigrantes, donde se tiene tolerancia con todos los acentos y formas de pronunciar. ¡Aprovecha cada ocasión y ponte a hablar sin complejos!

#Cada cosa en su lugar

Identifica el lugar que le corresponde a cada una de las siguientes palabras: **get, make, help, score.**

a) Can I .... you find your seats?
b) Is it possible to .... two more tickets?
c) They didn't .... a touchdown.
d) We couldn't .... it to the finals.

#Es tu turno

Dos de los siguientes verbos tienen el mismo significado. ¿Cuáles son?

 beat  tie  lose **D** defeat

#Ponlo en práctica

No debes olvidar que cuando en inglés usamos cualquier preposición y ésta va seguida de un verbo, dicho verbo tendrá forma de gerundio, es decir, acabado en **"-ing"**. De esta forma:
They are good at sailing. *Se les da bien navegar (la navegación).*
Are you interested in buying a season ticket? *¿Estás interesado en comprar un abono para la temporada?*
Thank you for coming. *Gracias por venir.*

La excepción es la preposición **"to"**, que irá seguida de un verbo en infinitivo:
I want to become a good player. *Quiero convertirme en un buen jugador.*
The coach decided to replace him. *El entrenador decidió sustituirlo.*

¿Será que lo sé?

1.- ¿Qué expresión se usa para preguntar cómo se encuentra una persona?

a) Who is she?

b) Where is she?

c) How is she?

2.- Ordenar las letras de cada palabra para formar un vegetal. Ordenando las letras que se encuentran en las casillas con círculos se obtiene otro vegetal.

NAETPLGG
GECBAAB
LGARCI
EAPS
PIMNUPKI

04

Soluciones

1.- c) How is she?
2.- EGGPLANT, CABBAGE, GARLIC, PEAS, PUMPKIN -> BEANS

FUENTES FOTOGRÁFICAS

01 © Andrey Popov | Dreamstime.com
02 © Keith Bell | Dreamstime.com
03 © Katarzyna Bialasiewicz | Dreamstime.com
04 © Rido | Dreamstime.com

01

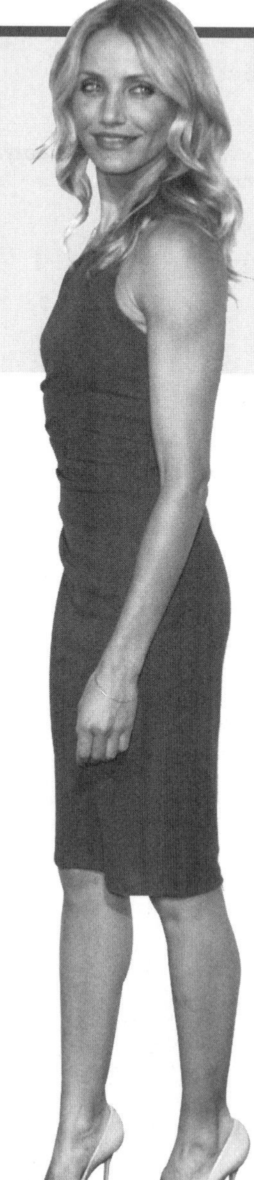

¿Quieres una cita con Cameron Diaz?

Hoy Cameron Díaz nos va a enseñar el lenguaje que podemos usar cuando queremos o tenemos una cita con alguien.

¿Quieres una cita con ella?

Frases comunes

- ***I'll set you up.***
  Les organizaré una cita.

- ***John asked me out, but I am not interested in him.***
  John me invitó a salir, pero no estoy interesada en él.

- ***I can't stop thinking about her.***
  No puedo dejar de pensar en ella.

- ***He is not my type.***
  No es mi tipo.

- ***Can I buy you a drink?***
  ¿Puedo invitarte a un trago?

- ***Are you flirting with me?***
  ¿Estás coqueteando conmigo?

- ***Let me take you out sometime.***
  Déjame invitarte a salir alguna vez.

- ***I think I am falling in love.***
  Creo que me estoy enamorando.

Vocabulario

02

- ***date*** cita
- ***blind date*** cita a ciegas
- ***feeling*** sentimiento
- ***love at first sight***
  amor a primera vista
- ***single*** soltero
- ***couple*** pareja
- ***hug*** abrazar, abrazo
- ***flirt*** coquetear
- ***fall in love (with)*** enamorarse (de)

Mejora tu pronunciación

*Cuando en inglés encontramos las letras **"ea"** en una palabra, estas se suelen pronunciar como una **"i"** un poco larga.*

Así ocurre con las palabras:

- ***eat***
- ***leave***
- ***easy***
- ***please***

*Pero recuerda que no siempre es así, y muchas veces suenan como una **"e"**, como en el caso de:*

- ***ready***
- ***steady***
- ***head***
- ***weather***

03

04

Te retamos

¿CONSEGUIRÁS RESPONDER A TODAS LAS PREGUNTAS?

Las siguientes preguntas tienen una dificultad creciente.
Juega con nosotros e intenta llegar hasta la última sin cometer errores.

1. Para expresar las horas usamos la preposición...
a) on **b)** at **c)** in

2. ¿Cuál de las siguientes opciones completa correctamente la frase "Book a flight .... me, please"?
a) to **b)** for **c)** on

3. Para expresar que vamos a un lugar a pie, ¿qué preposición usamos con la palabra "foot"?
a) bit **b)** at **c)** on

4. ¿Cuál de las siguientes frases se usa en un entorno de mayor formalidad?
a) Will you open the door, please?
b) Can you open the door, please?
c) Could you open the door, please?

5. ¿La siguiente frase es correcta o incorrecta?
I haven't never been to Florida.
a) Correct **b)** Incorrect

6. ¿Qué opción completa correctamente la frase "It's two months .... you last saw her"?
a) since **b)** for **c)** while

7. Cuando hablamos del verbo "averiarse", en inglés hacemos uso de:
a) break up
b) break down
c) break off

8. Cuando algo te resulta razonable, puedes decir:
a) I'll take that as a compliment.
b) That is obvious.
c) That makes sense.

Soluciones

#Te retamos: 1.- b) at; 2.- b) for; 3.- c) on; 4.- c; 5.- b; 6.- a; 7.- b; 8.- c.

¿Será que lo sé?

1.- Ordenar las palabras para formar oraciones.

a) are students the not American here

....

....

b) over who there is ?

....

....

2.- Corregir el superlativo en las oraciones que lo precisen.

a) This couch is the more comfortable.

b) That is the bigest table in the shop.

c) It was the baddest movie I watched last month.

05

Soluciones

1.- a) The American students are not here. **b)** Who is over there?
2.- a) This couch is the most comfortable. **b)** That is the biggest table in the shop. **c)** It was the worst movie I watched last month.

FUENTES FOTOGRÁFICAS

01 © Sbukley | Dreamstime.com
02 © Carrienelson1 | Dreamstime.com
03 © Pavel Losevsky | Dreamstime.com
04 © Andrey Bayda | Dreamstime.com
05 © Viorel Dudau | Dreamstime.com

01 A date with Cameron Diaz

La actriz Cameron Diaz (1972, San Diego, California) nos ayudará hoy a conocer el lenguaje usado cuando tenemos una cita romántica con alguien. Déjate llevar de la mano de la protagonista de películas como *"The Mask"*, *"There's Something About Mary"* o *"Sex Tape"* para aprender vocabulario y expresiones muy usadas cuando tenemos un primer encuentro con alguien especial. Solo nos queda desearte éxito.

Vocabularios y frases comunes

A ***Asking someone out on a date***
Pedir una cita a alguien

- ***Can I buy you a cup of coffee?***
¿Puedo invitarte a un café?

- ***Could I get your phone number?***
¿Me das tu número de teléfono?

- ***Would you like to go out to dinner some time?***
¿Te gustaría salir a cenar alguna vez?

- ***Would you like to go dancing with me?***
¿Te gustaría ir a bailar conmigo?

B ***Setting the time***
Acordando una hora

- ***Is 8 o'clock ok for you?***
¿Te va bien a las 8?

- ***Does 8 o'clock work for you?***
¿Te va bien a las 8?

- ***I'll pick you up at 8 p.m.***
Te recogeré a las 8 de la noche.

- ***We can meet at the restaurant.***
Nos podemos encontrar en el restaurante.

 02

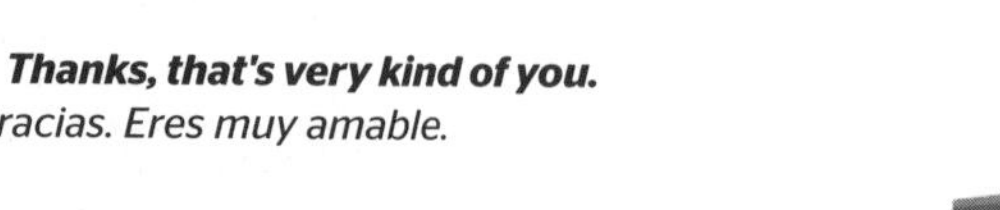

C ***Saying "yes"***
Aceptando

03 - ***Sure. I'd love it.***
Sí, me encantaría.

- ***Thanks, that's very kind of you.***
Gracias. Eres muy amable.

- ***Yes, my number is....***
Sí, mi número es el .....

D ***Saying "no"***
Rechazando

- ***That's flattering, but no, thank you.***
Es halagador, pero no, gracias.

- ***Thank you, but I have a boyfriend.***
Gracias, pero tengo novio.

- ***Thanks, but I'd prefer if we just remained friends.***
Gracias, pero preferiría que siguiéramos siendo solo amigos.

Soluciones

#Veamos: c

OUR SMS

AL REFERIRNOS A UNA MUJER BONITA USAREMOS EL ADJETIVO **"PRETTY"**, SI SE TRATA DE UN HOMBRE USAREMOS **"HANDSOME"**, Y, PARA AMBOS, **"GOOD LOOKING"**.

04

#Veamos

Responde a esta situación con la expresión adecuada:
I hope I'll marry a prince.

A Like a dream!

B I would dream!

C Dream on!

#También aprenderás riendo

Veamos un chiste sobre una cita a ciegas.

- My friend set me up on a blind date. He said:
"She is a lovely girl, but there is something you should know ...
She's expecting a baby".

- Wow! Tell me, and what happened?

- I felt like an idiot waiting in the bar wearing nothing but a diaper.

05

¿Será que lo sé?

1.- Señalar si son correctas o incorrectas las siguientes expresiones

a) At the radio..

b) In the newspaper..

a) At the concert..

b) On work..

2.- Encontrar seis palabras relacionadas con la carne. Se dan las letras iniciales: B, C, C, H, L, S.

B	M	P	R	W	Y	D	N
O	X	A	M	A	H	O	E
W	G	Z	V	F	C	L	K
C	S	T	E	A	K	A	C
J	H	H	B	O	S	M	I
Z	A	O	A	X	Z	B	H
M	H	B	P	G	R	J	C

 06

#Soluciones

1.- a) Incorrecta, b) Correcta, c) Correcta, d) Incorrecta.

2.- BACON, CHICKEN, CHOP, HAM, LAMB, STEAK.

FUENTES FOTOGRÁFICAS

01 © Yulia Grigoryeva | Dreamstime.com
02 © Dorlies Fabri | Dreamstime.com
03 © Svietlanan | Dreamstime.com
04 ©Yulia Grigoryeva | Dreamstime.com
05 © Pipop Boosarakumwadi | Dreamstime.com
06 © Kutt Niinepuu | Dreamstime.com

3 # Story of the day
Buying a house

La compra de una vivienda es un paso muy importante para quienes quieren establecerse permanentemente en el país. Antes de comenzar la búsqueda será conveniente que definas el tipo de vivienda que necesitas, el lugar donde quieres vivir y el dinero que te hace falta para comprarla. Luego, si tienes un empleo y un historial de crédito, podrás solicitar un préstamo hipotecario. Para concretar la compra es aconsejable que cuentes con el asesoramiento de un agente de bienes raíces, quien te hará ahorrar tiempo y dinero. El vocabulario que seleccionamos te ayudará a desenvolverte con mayor seguridad y a aclarar las dudas que tengas durante el proceso de compra.

Frases comunes

- ***Did you figure out how much you can spend?***
  ¿Calculaste cuánto puedes gastar?
- ***How much can you afford?***
  ¿Cuánto dinero te puedes permitir?
- ***What's the term of the loan?***
  ¿Cuál es el plazo del préstamo?
- ***What kind of taxes do I have to pay?***
  ¿Qué tipo de impuestos tengo que pagar?
- ***Is it a big condo?***
  ¿Es un condominio grande?
- ***How many bedrooms does it have?***
  ¿Cuántos dormitorios tiene?
- ***Does it have a backyard?***
  ¿Tiene patio trasero?
- ***I have to negotiate for the best deal.***
  Tengo que negociar el mejor acuerdo.
- ***Does the payment have a grace period?***
  ¿El pago tiene un período de gracia?
- ***When can I move in?***
  ¿Cuándo puedo mudarme?

#Vocabulario

- ***real estate*** *bienes raíces, inmuebles*
- ***real estate agency*** *agencia inmobiliaria*
- ***homeowner*** *propietario/a*
- ***mortgage*** *hipoteca*
- ***loan*** *préstamo*
- ***walk-through*** *inspección de una casa antes de su compra*
- ***rate*** *tasa*
- ***deed*** *escritura*
- ***down payment*** *adelanto*
- ***moving company*** *empresa de mudanzas*

OUR SMS 

LA PALABRA "CARTÓN" EN INGLÉS PUEDE SER **"CARTON"**, COMO EN **A CARTON OF MILK**, O **"CARDBOARD"**, COMO EN **A CARDBOARD BOX.**

Cada oveja con su pareja

Relaciona cada expresión en inglés con su equivalente en español.

term	A	☐	acuerdo, contrato
neighborhood	B	☐	plazo
agreement	C	☐	reunir los requisitos
qualify	D	☐	cierre de una transacción
closing	E	☐	vecindario

Responde

¿Cuá de las siguientes oraciones es incorrecta?

a) The house doesn't has a big kitchen.

b) The views from the terrace are really nice.

c) I will spend some money on furniture.

Recuerda lo básico

*Para preguntar o expresar "cuándo" tiene lugar alguna acción o acontecimiento, usaremos en inglés **"when"**, como:*

When did you buy your studio? *¿Cuándo compraste el estudio?*
When will she go on vacation? *¿Cuándo irá de vacaciones?*
I don't remember when it happened. *No recuerdo cuándo ocurrió.*

Soluciones

#Cada oveja con su pareja: term > plazo • neighborhood > vecindario • agreement > acuerdo, contrato • qualify > reunir los requisitos • closing > cierre de una transacción; **#Responde:** a (doesn't have). **#Es tu turno:** a; **#Cada cosa en su lugar:** a) turn, b) drop, c) figure out.

02

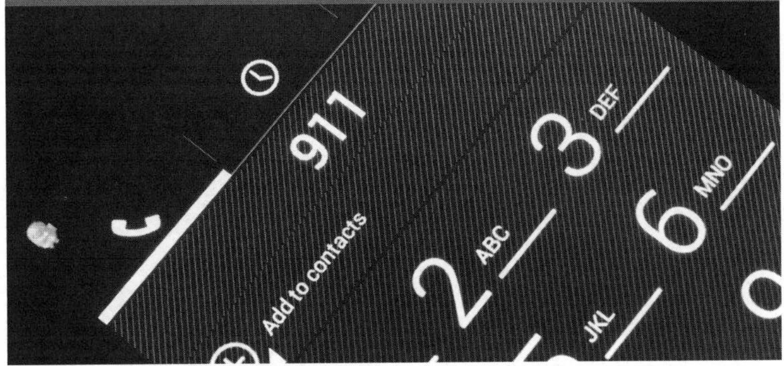

Vida en ESTADOS UNIDOS

Cuando nos encontramos en una situación de emergencia y deseamos llamar a la policía, a la ambulancia o a los bomberos para solicitar ayuda inmediata, debemos marcar el número 911. Nos pedirán información sobre el caso y la dirección en donde nos encontramos. Te atenderán con rapidez, pero asegúrate de que el motivo merece esta llamada, pues de lo contrario puedes impedir que otra persona reciba la ayuda que necesita en esos momentos.

#Ponlo en práctica

Cuando queremos decir que gastamos dinero en algo usamos la preposición **"on"** tras el verbo **"spend"**.

Did you spend much money on the house?
¿Gastaste mucho dinero en la casa?
She spends a lot of money on clothes.
Ella se gasta mucho dinero en ropa.

En cambio, si hablamos de invertir dinero, usaremos el verbo **"invest"** seguido de la preposición **"in"**. Observa:

I didn't have enough money to invest in stock options.
No tenía suficiente dinero para invertir en acciones de la bolsa.

#Es tu turno

¿Cuál de las siguientes opciones responde a la siguiente pregunta?
"Do you have to work shifts?"

A Yes, I work from 9 to 5.

B Yes, I work really hard.

C Yes, I work downtown.

D Yes, I work for a little money.

#Cada cosa en su lugar

Identifica el lugar que le corresponde a cada uno de los siguientes verbos: **turn, figure out, drop.**

a) They will .... right at the corner.

b) Why did she .... the bottle of wine?

c) They couldn't .... she was not coming.

¿Será que lo sé?

1.- Señalar la forma correcta.

a) My brother ***(play - plays - plaies)*** the piano.

b) Sarah ***(speaks - speakes - speak)*** English and French.

c) His cousin ***(pass - passs - passes)*** his exams.

2.- Elegir la opción adecuada en cada caso.

a) Are you .... business with their company? ***(doing / making)***

b) I .... some mistakes on the test. ***(did / made)***

c) She never .... her bed. ***(does / makes)***

d) We have to .... a decision today. ***(do / make)***

03

Soluciones

1.- a) plays, b) speaks, c) passes
2.- a) doing, b) made, c) makes, d) make

FUENTES FOTOGRÁFICAS

01 © Leigh Prather | Dreamstime.com
02 © Editor77 | Dreamstime.com
03 © ProductionPerig | Dreamstime.com

Story of the day

Family and friends

Nuestra familia es el primer núcleo social al que pertenecemos y en el que crecemos y nos desarrollamos. Además de nuestros padres, nuestros hermanos, abuelos, tíos y primos son las personas que comparten los momentos más importantes de nuestra vida, y cada uno cumple un rol esencial que nos marcará de una manera u otra en nuestra vida adulta. Por supuesto que este abanico de personas se abre para dar cabida a nuestros amigos, a los que elegimos porque comparten nuestras ideas y nuestros gustos, porque nos acompañan en buenos y malos momentos, o, simplemente, porque los queremos tal cual son.

Frases comunes

- ***How are you related?***
  ¿Qué relación de parentesco tienen ustedes?
- ***What's your last name?***
  ¿Cuál es tu apellido?
- ***Do you have a twin brother?***
  ¿Tienes un hermano gemelo?
- ***Are their parents just separated or divorced?***
  ¿Están sus padres sólo separados o divorciados?
- ***My wife is pregnant / expecting a baby.***
  Mi esposa está embarazada / esperando un bebé.
- ***My grandparents brought up five children.***
  Mis abuelos criaron a cinco hijos.
- ***All of us grew up in Texas.***
  Todos nosotros crecimos en Texas.
- ***Who do you take after?***
  ¿A quién te pareces?

#Vocabulario

- ***relatives*** *parientes / familiares*
- ***friendship*** *amistad*
- ***single parent*** *padre soltero / madre soltera*
- ***siblings*** *hermanos*
- ***stepfather*** *padrastro*
- ***stepmother*** *madrastra*
- ***stepsiblings*** *hermanastros*
- ***acquaintance*** *conocido/a*
- ***only child*** *hijo único*

OUR SMS

PARA MOSTRAR QUE HAS ENTENDIDO AQUELLO QUE TE VAN DICIENDO, PUEDES EXCLAMAR I SEE! (¡ENTIENDO!).

Recuerda lo básico

*Debes usar **«a»** o **«an»** delante de trabajos u ocupaciones siempre que te refieras a una sola persona, pero no al hablar de varias.*

a) *Si la palabra que sigue comienza con consonante, debes usar **«a»**:*

I'm a construction worker.
Soy un empleado de la construcción.

b) *Si la palabra que sigue comienza con vocal, debes usar **«an»**:*

My brother is an actor.
Mi hermano es actor.

Peter's cousin is an architect.
La prima de Peter es arquitecta.

Cada oveja con su pareja

Relaciona cada expresión en inglés con su equivalente en español.

cousin	A		sobrino
nephew	B		tía
niece	C		sobrina
aunt	D		primo/a
uncle	E		tío

Soluciones

#Cada oveja con su pareja: cousin > primo/a • nephew > sobrino • niece > sobrina • aunt > tía • uncle > tío;
#¿Qué crees?: c.
#Es tu turno: a) through, b) into, c) on.

03

Vida en ESTADOS UNIDOS

El sueño americano, o, en inglés, *the American dream*, puede definirse como la igualdad de oportunidades y libertad que permiten que todos los habitantes de Estados Unidos logren sus objetivos en la vida únicamente con el esfuerzo y la determinación. Hoy esta idea se refiere a que la prosperidad depende de las habilidades de cada uno y de su trabajo, no de un destino rígido marcado por la clase social.

#¿Qué crees?

Completar con la opción correcta:
"Which of these two cars do you prefer? I like........."

A two of them

B they

C both

D the both of them

#Ponlo en práctica

Para referirnos al parecido físico entre personas usamos el verbo **"look like"**, pero si hablamos de parecido en cuanto a carácter o bien de forma general, usamos **"take after"** o **"be like"**. De esta manera:

Who do you look like?
¿A quién te pareces (físicamente)?
I look like my older brother.
Me parezco (físicamente) a mi hermano mayor.
Who does she take after?
¿A quién se parece ella?
She is like her mother: intelligent and generous.
Ella es como su madre: inteligente y generosa.

#Es tu turno

Elige la opción adecuada en cada caso.

A They came **(through/out)** the accident with no injuries.

B She is really **(about/into)** swimming.

C I think I'll pass **(on/away/for)** lunch.

¿Será que lo sé?

1.- Encontrar cinco días de la semana en la sopa de letras.

Y U Y M V K K G J
G N A A O G Z A Z
S Z D H D N N B A
A A N A C S D B G
K V U J A G E A B
F D S K T P A U Y
R Y A D S R U H T
X D F R I D A Y M

2.- Corregir la "tag question" en caso de ser preciso.

a) Your father can't speak Russian, can they? ....

b) This book is really interesting, isn't it? ....

c) She made a phone call last night, did she? ....

04

Soluciones

1.- MONDAY, TUESDAY, THURSDAY, FRIDAY, SUNDAY

2.- a) can he; b) correcta; c) didn't she.

FUENTES FOTOGRÁFICAS

01 © Valua Vitaly | Dreamstime.com
02 © Igorr | Dreamstime.com
03 © Alexstar | Dreamstime.com
04 © Andrey Magda | Dreamstime.com

01

A la compra de accesorios para lucir bien con Sarah Jessica Parker

Vamos a ir de compras con Sarah Jessica Parker, y así podremos conocer más sobre sus gustos personales a la hora de elegir accesorios para vestir. Para ello las siguientes expresiones nos pueden resultar de gran ayuda.

De compras

- ***Let's take a cab and go downtown.***
  Tomemos un taxi y vayamos al centro de la ciudad.

- ***That street is packed with luxury shops.***
  Esa calle está llena de tiendas de lujo.

- ***Is perfume an aphrodisiac?***
  ¿Es el perfume un afrodisíaco?

- ***I would never buy a fake fragrance.***
  Nunca compraría un perfume falso.

- ***Going shopping is my favorite activity when I have some spare time.***
  Ir de compras es mi actividad favorita cuando tengo tiempo libre.

- ***I remember I had a little problem with an expired credit card last month.***
  Recuerdo que tuve un pequeño problema con una tarjeta de crédito vencida el mes pasado.

- ***Buying online is comfortable, but there's nothing like going shopping in person.***
  Comprar por internet es cómodo, pero no hay nada como ir de compras en persona.

Vocabulario

- ***wallet*** *billetera*
- ***cash*** *dinero en efectivo*
- ***credit card*** *tarjeta de crédito*
- ***time to spare*** *tiempo libre*
- ***luxury items*** *artículos de lujo*

02

Mejora tu pronunciación

*Recuerda que en inglés son muy diferentes los sonidos de la **"b"** y la **"v"** y debes esforzarte en pronunciarlas bien, pues puedes llegar a confundir palabras por ello. Para pronunciar la **"b"** se unen ambos labios, y para pronunciar la **"v"**, los dientes superiores descansan sobre el labio inferior mientras expulsamos el aire.*

Practica con las siguientes palabras:

- blue
- bank
- cab
- very
- love
- seven

*Con la **"b"***

*Con la **"v"***

03

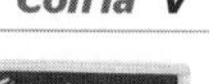

04

Te retamos

¿CONSEGUIRÁS RESPONDER A TODAS LAS PREGUNTAS?
Las siguientes preguntas tienen una dificultad creciente.
Juega con nosotros e intenta llegar hasta la última sin cometer errores.

1. Completa el espacio con la opción adecuada (is he? / will he? / won't he?).
He will become a doctor ....?

2. Completa el espacio con la opción correcta.
"Anne and Henry have a car. This is .... car".
a) they **b)** their **c)** theirs

3. ¿Cuál de estas opciones no puede utilizarse en las despedidas?
a) See you soon **b)** Good night **c)** What's up?

4. Si la respuesta es "I don't know him", la pregunta sería....
a) Who is that man?
b) Where is that man?
c) How is that man?

5. Señalar la opción correcta para completar la frase:
What's wrong .... you?.
a) with **b)** or **c)** up

6. ¿Cuál de las siguientes expresiones no tiene el mismo significado que la siguiente frase?
Let's go to the movies.
a) How about going to the movies?
b) Why are you going to the movies?
c) Why don't we go to the movies?

7. Completa el diálogo:
- I get sad every fall.
- Come on, everybody feels ______ that when there's little sunlight
a) like **b)** the same **c)** as

8. Completa la pregunta con la opción correcta:
What are you worried .... ?
a) for **b)** about **c)** in

Soluciones

#Te retamos: 1.- won't he? 2.- b; 3.- c; 4.- a; 5.- a; 6.- b; 7.- a; 8.- b.

¿Será que lo sé?

1.- Ordenar las palabras para formar oraciones.

a) hair she straight has long

....

....

b) he have eyes does small ?

....

....

2.- Corregir las oraciones que lo precisen.

a) I don't like driving and neither doesn't my sister.

b) They are learning Italian. So is John.

c) My cousin lives on the second floor. Neither do I.

05

Soluciones

1.- a) She has long straight hair, b) Does he have small eyes?
2.- a) I don't like driving and neither does my sister, b) - , c) So do I

FUENTES FOTOGRÁFICAS

01 © Sbukley | Dreamstime.com
02 © Seanlockephotography | | Dreamstime.com
03 | Dreamstime.com
04 © Ongap | Dreamstime.com
05 © Dekanaryas | Dreamstime.com

Sarah Jessica Parker, a successful star

01

La actriz Sarah Jessica Parker (1965, Nelsonville, Ohio), conocida a nivel internacional por dar vida a la histriónica Carrie Bradshaw en *"Sexo en Nueva York"*, nos llevará hoy de compras. A Parker le encanta la moda, al igual que a Carrie. Ella misma se ha convertido en un icono de estilo "made in USA", al margen de ser imagen de sus propias fragancias. Por el papel en dicha serie televisiva recibió cuatro Globos de Oro y dos Emmy, entre otros premios. ¿Quieres compartir un día de compras con Sarah Jessica Parker?

#Vocabulario

02

- ***Golden Globe Awards*** *Premios Globo de Oro*
- ***Emmy Awards*** *Premios Emmy*
- ***luxury goods*** *artículos de lujo*
- ***jewels /jewelry*** *joyas / joyería*
- ***lingerie*** *ropa interior*
- ***perfume / scent / fragrance*** *perfume / fragancia*
- ***outfit*** *vestido / conjunto*
- ***purse*** *bolso*
- ***cosmetics /beauty products*** *cosméticos / productos de belleza*
- ***high heel shoes*** *zapatos de tacón o taco alto*

03

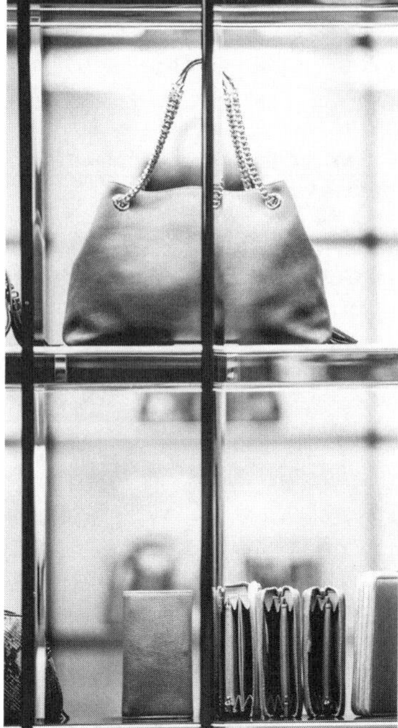

OUR SMS 

RECUERDA QUE LA PALABRA "RELOJ" EN INGLÉS PUEDE DECIRSE "WATCH" (SI ES DE PULSERA) O "CLOCK" (SI ES DE MESA O PARED).

04

#Frases comunes

- ***Luxury brands satisfy the most demanding customers.***
Las marcas de lujo sirven a los clientes más exigentes.

- ***Do you spend much money on clothes a year?***
¿Gastas mucho dinero en ropa al año?

- ***I like this makeup. It looks good on me.***
Me gusta este maquillaje. Me queda bien.

- ***I like to change my makeup to match what I'm wearing.***
Me gusta cambiar el maquillaje para que armonice con lo que llevo puesto.

- ***I always wear high heel shoes. You get used to them easily.***
Siempre llevo zapatos de taco alto. Te acostumbras a ellos fácilmente.

- ***This purse is made of very fine leather.***
Este bolso está hecho de un cuero muy fino.

- ***Have you seen my ring? Look, I paid a fortune for it.***
¿Has visto mi anillo? Mira, pagué una fortuna por él.

#¿Lo sabes?

Elegir el término que significa lo mismo que **"client"**:

A seller **B** buyer **C** customer

#Relaciona

Une con flechas las dos partes que conforman la frase.

Would you like to	**A**	**1**	to pay cash or with credit card?
Would you like me	**B**	**2**	try this skirt on?
Would you like	**C**	**3**	to get you a different size?

#Soluciones

#¿Lo sabes?: c; **#Relaciona:** a) 2, b) 3, c) 1.

#¿Será que lo sé?

1.- Completar las oraciones con la información que aparece entre paréntesis, usando el caso genitivo.

a) Who is ....?
(Michael - his brother)

b) .... isn't here.
(Andrew - his dog)

c) My uncle is ....
(father - my cousins)

2.- Corregir las oraciones que lo precisen.

a) They don't will go to the beach.

b) Will you show me the pictures?

c) Does he will open the window?

d) I won't cook today.

05

#Soluciones

1.- a) Who is Michael's brother?
b) Andrew's dog isn't here.
c) My uncle is my cousins' father.
2.- a) They won't go to the beach. b) - .
c) Will he open the window?. d) - .

FUENTES FOTOGRÁFICAS

01 © Featureflash | Dreamstime.com
02 © Rosie Mendoza | Dreamstime.com
03 © Welcomia | Dreamstime.com
04 © Alvera | Dreamstime.com
05 © Szpytma | Dreamstime.com

01

4

Story of the day

In case of emergency

Si alguna vez te encuentras en una situación de emergencia debes llamar por teléfono al 911. Este es el número oficial que te comunicará con un operador. Este te atenderá y transferirá el llamado al servicio que deba acudir en tu ayuda, ya sean paramédicos, policías o bomberos. Es muy importante que colabores con el operador, respondiendo sus preguntas con claridad y siguiendo al pie de la letra sus indicaciones. A continuación encontrarás el vocabulario más frecuente que necesitarás usar en casos de emergencia.

Frases comunes

En este caso trataremos aquellas que pueden acontecer tras un accidente de auto.

- ***In case of emergency, dial 911.***
  En caso de emergencia, llame al 911.
- ***What's the emergency?***
  ¿Cuál es la emergencia?
- ***There was a car crash.***
  Hubo un accidente de auto.
- ***Keep away from the area.***
  Manténganse alejados de la zona.
- ***Did you witness the accident?***
  ¿Fue usted testigo del accidente?
- ***Could you give me your name and address?***
  ¿Podría darme su nombre y dirección?
- ***Please, call for an ambulance.***
  Por favor, llame a una ambulancia.
- ***Some people are seriously injured.***
  Hay heridos graves.
- ***Are you hurt?***
  ¿Está usted herido?
- ***The driver is unconscious.***
  El conductor está inconsciente.

#Vocabulario

02

- ***emergency*** *emergencia / urgencia*
- ***safety*** *seguridad*
- ***disaster*** *desastre*
- ***fire*** *incendio*
- ***firefighter*** *bombero*
- ***collapse*** *caída / derrumbe*
- ***threat*** *amenaza*
- ***wounded*** *herido con un arma*
- ***drown*** *ahogarse*

OUR SMS

NO OLVIDES QUE PARA MOSTRAR QUE NO ENTIENDES ALGO QUE TE ESTÁN DICIENDO, LO PUEDES HACER CON LAS EXPRESIONES **WHAT?, PARDON?** O **EXCUSE ME?**

Recuerda lo básico

*Para formar el pasado de algunos verbos (los llamados regulares) debes agregar **-ed** al infinitivo para todas las personas:*

· pass (aprobar): passed
He passed the driving test.
Él aprobó el examen de conducción.

· change (cambiar): changed
She changed her address.
Ella cambió su domicilio.

*Ojo; si el verbo termina en **-e** debes agregar solamente **-d:***

· live (vivir): lived
I lived in Nevada for a year.
Viví en Nevada durante un año.

· move (mudarse): moved
They moved in last year.
Ellos se mudaron el año pasado.

Cada oveja con su pareja

Relaciona cada expresión en inglés con su equivalente en español.

injured	A	☐	respirar
wounded	B	☐	víctima
death	C	☐	herido en accidente
casualty	D	☐	herido por arma
breath	E	☐	muerte

Soluciones

#Cada oveja con su pareja: injured > herido en accidente • wounded > herido por arma • death > muerte • casualty > víctima • breath > respirar.
#Cada cosa en su lugar: a) get, b) slow, c) put; d) catch;
#Es tu turno: b

03

Vida en ESTADOS UNIDOS

El 4 de julio se celebra el Día de la Independencia, conmemorando la firma de la Declaración de Independencia de la corona británica, que se llevó a cabo el 4 de julio de 1776. La fecha se considera como el nacimiento de la nación y el texto de la Declaración, donde se reclama el derecho a la vida, la libertad y la búsqueda de la felicidad, es uno de los documentos básicos del espíritu estadounidense. El Día de la Independencia es un día feriado en todo el país y se festeja con desfiles, actos de recordación, competiciones deportivas y fuegos artificiales. Asimismo, en muchas ciudades y en muchos sitios históricos, miles de inmigrantes juran lealtad a la bandera y se convierten en ciudadanos estadounidenses.

#Ponlo en práctica

Recuerda que puedes formar palabras opuestas con algunos prefijos, como es el caso de **"un-"**, **"im-"**, **"dis-"** y **"mis-"**. De esta manera podemos decir:

unable (incapaz), **unconscious** *(inconsciente)*, **unavailable** *(no disponible)*, **impossible** *(imposible)*, **dishonest** *(deshonesto)*, **disadvantage** *(desventaja)* o **misunderstand** *(malinterpretar)*.

I wanted to speak to the teacher, but he was unavailable.
Quería hablar con el profesor, pero no estaba disponible.
Repeat that. I think I've misunderstood.
Repite eso. Creo que he entendido mal.
His attitude was very dishonest. *Su actitud fue muy deshonesta.*

#Cada cosa en su lugar

Identifica el lugar que le corresponde a cada una de las siguientes palabras: **catch, put, slow, get.**

a) I have to .... to doing more exercise.

b) The doctor told me to................ down.

c) She .... on a lot of weight when she was pregnant.

d) I need to .... up on my English.

#Es tu turno

Señala la opción que tenga el mismo significado que la siguiente frase.
"How can I get to the post office?"

A Is there a post office in town?

B Where is the post office?

C Can I help you find the post office?

D Will I go to the post office?

¿Será que lo sé?

1.- Completar el crucigrama con los adverbios de frecuencia equivalentes a los que aparecen en español.

Across
3. Siempre
4. Nunca

Down
1. Normalmente
2. Pocas veces

2.- Elegir la opción adecuada.

a) I .... *(will go / am going)* to a party tonight. It's John's birthday.

b) I can't meet you this evening. My brother .... *(will come / is coming)* to see me.

c) Don't worry about the dog! It .... *(won't bite / is not going to bite)* you.

04

Soluciones

1.- 1. USUALLY, 2. RARELY, 3. ALWAYS, 4. NEVER
2.- a) am going, b) is coming, c) won't bite

FUENTES FOTOGRÁFICAS

01 © Ambrozinio | Dreamstime.com
02 © Garsya | Dreamstime.com
03 © Rabbit75 | Dreamstime.com
04 © Valua Vitaly | Dreamstime.com

01

#Story of the day

What do you do?

El trabajo es aquello a lo que dedicamos mucho tiempo y, por consiguiente, muchas de las conversaciones que mantenemos habitualmente se refieren a algún aspecto del mismo, como horario, salario, compañeros, tareas, etc. Bien sea porque se busca, se tiene o se ha perdido, el trabajo está constantemente en nuestras vidas. A continuación te enseñaremos el vocabulario más frecuente acerca del trabajo, especialmente aquel que trata sobre las distintas profesiones.

Frases comunes

- ***What's your job/profession/ occupation?***
¿Cuál es tu trabajo/profesión/ ocupación?

- ***What do you do?***
¿A qué te dedicas?

- ***What do you do for a living?***
¿Cómo te ganas la vida?

- ***The one day that most people hate is Monday because that's when they have to go back to work.***
El día que la mayoría de la gente odia es el lunes porque es cuando tienen que volver al trabajo.

- ***My colleague is always telling me what to do.***
Mi compañero de trabajo siempre me está diciendo lo que hacer.

- ***I can't put up with my boss.***
No puedo soportar a mi jefe.

- ***Are you a doctor or a nurse?***
¿Eres doctora o enfermera?

- ***I am a translator and my brothers are teachers.***
Soy traductor y mis hermanos son profesores.

#Vocabulario

- ***lawyer:*** *abogado/a*
- ***architect:*** *arquitecto/a*
- ***fireman:*** *bombero*
- ***taxi driver:*** *taxista*
- ***butcher:*** *carnicero/a*
- ***baker:*** *panadero/a*
- ***postman:*** *cartero*
- ***scientist:*** *científico/a*
- ***cook:*** *cocinero/a*
- ***salesperson:*** *dependiente/a*
- ***electrician:*** *electricista*
- ***bank clerk:*** *empleado/a de banco*
- ***plumber:*** *fontanero/a*
- ***engineer:*** *ingeniero/a*
- ***gardener:*** *jardinero/a*
- ***vet:*** *veterinario/a*
- ***translator:*** *traductor/a*
- ***secretary:*** *secretario/a*
- ***teacher:*** *profesor/a, maestro/a*
- ***policeman:*** *policía*
- ***painter:*** *pintor/a*
- ***pilot:*** *piloto*
- ***journalist:*** *periodista*
- ***mechanic:*** *mecánico*
- ***student:*** *estudiante*
- ***manager:*** *gerente*
- ***accountant:*** *contador/a*
- ***hairdresser:*** *peluquero/a*

#Recuerda lo básico

*Los verbos irregulares son aquellos cuya forma en pasado y/o su participio no acaban en **"ed"**. Como cada uno de ellos presenta una forma distinta, la única manera de poder aprenderlos será con la memoria y con la práctica.*
Veamos a continuación algunos ejemplos:

They bought the newspaper this morning *(Ellos compraron el periódico esta mañana).*
She came home but I didn't see her *(Ella vino a casa pero no la vi).*
Mike went to the bank to take out some money *(Mike fue al banco a sacar dinero).*

02 **#Cada oveja con su pareja**

¿Cómo se denomina en inglés a ...?

a) la persona que vende carne: ....
b) la persona que corta el cabello: ....
c) la persona que cuida el jardín: ....
d) la persona que escribe artículos en un periódico: ....

Soluciones

#Cada oveja con su pareja:
a) butcher, b) hairdresser,
c) gardener, d) journalist; **#Cada cosa en su lugar:** a) 4, b) 1, c) 2, d) 3;
#Es tu turno: c.

OUR SMS

CUANDO DELETREAMOS ALGUNA PALABRA PODEMOS ESPECIFICAR LAS LETRAS DICIENDO, POR EJEMPLO, C AS IN CALIFORNIA (C DE CALIFORNIA).

03

Vida en ESTADOS UNIDOS

El pastel de manzana *(apple pie)* es una de las especialidades tradicionales de la cocina de EEUU. Si bien la receta llegó como herencia de los inmigrantes europeos, se fue perfeccionando al gusto americano a través del tiempo, al punto que la expresión *"as American as an apple pie"* se usa para indicar aquellas cosas típicamente estadounidenses.

#Cada cosa en su lugar

Relaciona las distintas mitades para formar preguntas:

A	What jobs should	**1**	I want to watch that game?
B	Do you think	**2**	other people learn?
C	Are they helping	**3**	give us a raise?
D	Did our boss	**4**	he apply for?

#Es tu turno

¿Qué opción crees que es la correcta para completar la siguiente frase?
I don't feel like............................ out tonight.

A to go **B** go

C going **D** went

#Ponlo en práctica

No debes olvidar que cuando en inglés usamos cualquier verbo modal, como **"can"**, **"could"**, **"will"**, **"would"**, **"should"**, etc., hemos de tener en cuenta que:

En presente no añaden "s" para **"he"**, **"she"** o **"it"**.
He can speak English like a native. *Él sabe hablar inglés como un nativo.*

La forma negativa **"not"** se añade a ellos directamente.
They couldn't come to the party. *Ellos no pudieron venir a la fiesta.*

En preguntas, se adelantan al sujeto.
Will you open the door, please? *¿Puedes abrir la puerta, por favor?*

¿Será que lo sé?

1.- ¿Cuál de las siguientes palabras puede ser usada como adjetivo y también como adverbio de intensidad?

a) pretty

b) quite

c) funny

2.-Corregir las oraciones que lo precisen.

a) I am meeting John tomorrow.

....

....

b) She will buy a new car next week.

....

....

c) Someone's ringing the door-bell. Are you going to open the door?

....

....

04

Soluciones

1.- a) pretty
2.- a) - , b) She is going to buy a new car next week., c) Someone's ringing the doorbell. Will you open the door?

FUENTES FOTOGRÁFICAS

01 © Oxana Mikhaylova | Dreamstime.com
02 © Kondratova | Dreamstime.com
03 © Marcomayer | Dreamstime.com
04 © Mauricio Jordan | Dreamstime.com

01

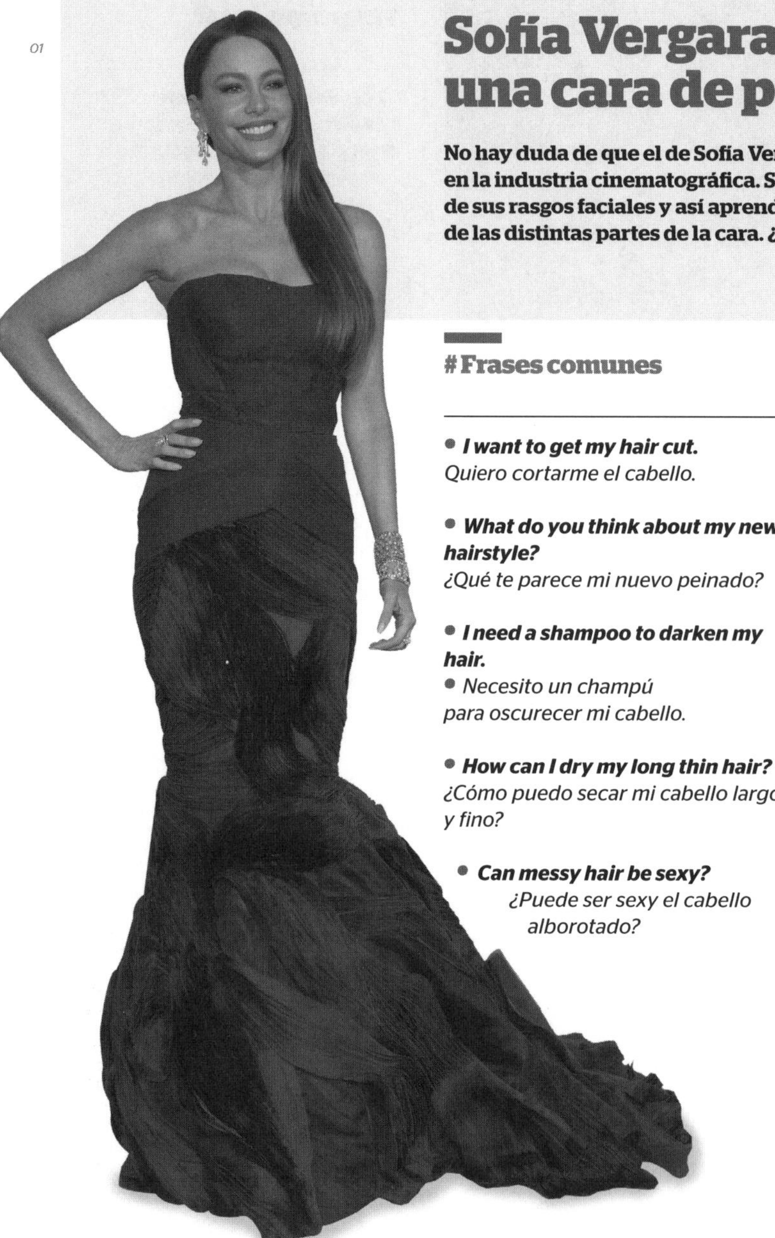

Sofía Vergara, una cara de película

No hay duda de que el de Sofía Vergara es un rostro muy bello en la industria cinematográfica. Sofía nos enseñará algunos de sus rasgos faciales y así aprenderemos el vocabulario de las distintas partes de la cara. ¿Quieres aprenderlo?

Frases comunes

- ***I want to get my hair cut.***
Quiero cortarme el cabello.

- ***What do you think about my new hairstyle?***
¿Qué te parece mi nuevo peinado?

- ***I need a shampoo to darken my hair.***
- *Necesito un champú para oscurecer mi cabello.*

- ***How can I dry my long thin hair?***
¿Cómo puedo secar mi cabello largo y fino?

- ***Can messy hair be sexy?***
¿Puede ser sexy el cabello alborotado?

Vocabulario

Comenzando por el cabello, este puede ser:
- ***long*** *largo*
- ***short*** *corto*
- ***shoulder-length*** *hasta los hombros*
- ***straight*** *liso*
- ***wavy*** *ondulado*
- ***curly*** *enrulado*

Los hay de distinto color:
- ***black*** *negro*
- ***brown*** *castaño, miel*
- ***gray hair*** *canoso*
- ***blonde*** *fair rubio*
- ***red hair*** *pelirrojo*

En cuanto al peinado, este puede ser:
- ***bun*** *moño*
- ***braid*** *trenza*
- ***ponytail*** *cola*
- ***pigtails*** *coletas*
- ***layered*** *en capas*
- ***dreadlocks*** *rastas*
- ***spiky*** *de punta*
- ***cornrows*** *trenzas africanas*

Vocabulario extra

Veamos a continuación más vocabulario relacionado con el cabello y la cara, esta vez acerca de los hombres.

- ***shaved head*** *rapado / con cabeza rasurada*
- ***bald*** *calvo*
- ***sideburn*** *patilla*
- ***bangs*** *flequillo*
- ***beard*** *barba*
- ***goatee*** *perilla, barba de candado*
- ***mustache*** *bigote*

Mejora tu pronunciación

*Recuerda que, normalmente, cuando encontramos la combinación **"ir"** o **"ur"** en una palabra, su sonido es parecido al de una "e" apagada en ambos casos (como en "work" o "were"). Así lo podemos comprobar en palabras como **"first"**, **"thirty"**, **"girl"**, **"urgent"**, **"turn"** o **"Thursday"**.*

02

Te retamos

¿CONSEGUIRÁS RESPONDER A TODAS LAS PREGUNTAS?

Las siguientes preguntas tienen una dificultad creciente.
Juega con nosotros e intenta llegar hasta la última sin cometer errores.

1. ¿Cuál es la forma contraída de "He does not"?

....

2. Elige la respuesta correcta:
"How is your sister?"

a) Well, please **b)** Nice to meet you **c)** Fine, thank you

3. ¿Con qué expresión nos despedimos deseando buenas noches?

....

4. ¿Cuál de las siguientes preguntas se responde diciendo "Yes, she lives in Texas"?

a) Where does she live?
b) Does she live in Texas?
c) Why does she live in Texas?

5. ¿La siguiente frase es correcta o incorrecta? "Does she has long red hair?"?

a) Correct **b)** Incorrect

6. ¿Qué opción completa correctamente la frase "The village is .... the river. It's only a few miles away"?

a) near **b)** next **c)** along

7. ¿Qué adjetivo es el opuesto a "talkative"?

a) quiet **b)** shy **c)** outgoing

8. Con qué expresión se pregunta por la frecuencia con que se realiza una acción?

a) How long? **b)** How much? **c)** How often?

Soluciones

#Te retamos: 1.- He doesn't; 2.- c; 3.- Good night; 4.- b; 5.- b; 6.- a; 7.- a; 8.- c

¿Será que lo sé?

1.- Encontrar los siguientes números en la sopa de letras: 11, 12, 13, 15, 30, 60, 90.

```
T N E V E L E N
N H Y X A E E E
I V I P L E Y E
N B L R T M T T
E T A F T S X R
T E I O L Y I I
Y F J S O U S H
T W E L V E L T
```

2.- Elegir la opción correcta.

a) Do you .... ***(know / meet)*** my cousin Frida?

b) I first .... ***(knew / met)*** him two years ago.

c) They .... ***(know / meet)*** everyday Monday morning.

 03

Soluciones

1.- ELEVEN, TWELVE, THIRTEEN, FIFTEEN, THIRTY, SIXTY, NINETY

2.- a) know, b) met, c) meet

FUENTES FOTOGRÁFICAS

01 © Featureflash | Dreamstime.com
02 © Andres Rodriguez | Dreamstime.com
03 © Sebast1an | Dreamstime.com

01 

What can you see in Sofía Vergara's face?

Junto a la bella actriz, modelo y presentadora Sofía Vergara (1972, Colombia) nos adentraremos en el vocabulario y las expresiones típicas que usamos al hablar de las partes de la cara. Además de ser una de las actrices mejores pagadas de la televisión estadounidense y de estar en la lista de las 100 mujeres más poderosas del mundo, según Forbes, Sofía Vergara es también considerada una de las mujeres más sensuales del planeta.

Frases comunes

- ***She has big brown eyes.***
Ella tiene los ojos grandes y color miel.

- ***She has big lips.***
Tiene labios gruesos.

- ***You have a gorgeous smile.***
Tienes una sonrisa preciosa.

- ***Having white teeth is a sign of good health and personal hygiene, and is also essential for a lovely smile.***
Tener los dientes blancos es señal de buena salud e higiene personal, y también es fundamental para tener una bonita sonrisa.

- ***What makeup should I wear tonight?***
¿Qué maquillaje debería ponerme esta noche?

- ***Try to keep your face clean to avoid blackheads.***
Intenta mantener tu cara limpia para evitar puntos negros.

- ***Do you moisturize your face?***
¿Usas crema hidratante en la cara?

- ***This is my favorite lipstick.***
Este es mi lápiz labial favorito.

- ***I use products to lengthen and thicken my own eyelashes.***
Uso productos para alargar y hacer más densas mis pestañas.

#Vocabulario

  02

- ***hair*** *cabello, pelo*
- ***face*** *cara*
- ***forehead*** *frente*
- ***temple*** *sien*
- ***ear*** *oreja*
- ***eye*** *ojo*
- ***eyebrow*** *ceja*
- ***eyelashes*** *pestañas*
- ***nose*** *nariz*
- ***mouth*** *boca*
- ***lips*** *labios*
- ***tooth/teeth*** *diente/dientes*
- ***tongue*** *lengua*
- ***cheek*** *mejilla*
- ***chin*** *mentón*

03 

OUR SMS 

¿SABÍAS QUE UNA PERSONA ALEGRE EN INGLÉS SE PUEDE DECIR, ENTRE OTRAS FORMAS, **A HAPPY PERSON** O **A CHEERFUL PERSON**?

04

#Veamos

Responde a esta situación con la expresión adecuada:

I don't know where to go on vacation.

A Then you should keep it in mind.

B Then you should make up your mind.

C Then you should bear it in mind.

#También aprenderás riendo

Veamos un chiste donde se bromea con la expresión de la cara.

A woman just back from Arizona was telling her friends about the trip.

– When my husband first saw the Grand Canyon, his face dropped a mile.

– Why? Was he disappointed with the view?

– No, he fell over the edge.

#Pon en orden

Ordena las letras para formar palabras relativas a las partes de la cara.

a) H T E T E __________

b) E D F A H E R O __________

c) T M U H O __________

d) B W E E R Y O __________

e) N I H C __________

#Soluciones

#Veamos: b.

#Pon en orden: a) TEETH, b) FOREHEAD, c) MOUTH, d) EYEBROW, e) CHIN.

¿Será que lo sé?

1.- Relacionar las horas equivalentes.

A It's three fifteen

B It's two forty-five

C It's three forty-five

1 It's a quarter to three

2 It's a quarter after three

3 It's a quarter to four

2.- Corregir las expresiones que lo precisen.

a) What beautiful girl!

....

....

b) What expensive cars!

....

....

c) What an ugly man!

....

....

d) What a difficult exercise!

....

....

Soluciones

1.- a) 2; b) 1; c) 3.

2.- a) What a beautiful girl!, b) - , c) - , d) - .

FUENTES FOTOGRÁFICAS

01 © Featureflash | Dreamstime.com
02 © Valua Vitaly | Dreamstime.com
03 © Featureflash | Dreamstime.com
04 © Bennymarty | Dreamstime.com

01

5

#Story of the day

Buying a car

Si decides comprar un automóvil, tendrás muchas opciones para elegir. Deberás considerar cuidadosamente qué tipo de vehículo necesitas y cuánto dinero puedes gastar. Si quieres comprar un auto nuevo deberás visitar varios concesionarios, comparar precios y negociar descuentos. Los autos usados también se consiguen en concesionarios, negocios dedicados a la reventa o directamente comprándoselos a sus dueños. Para ello puedes leer los anuncios en los periódicos o consultar en internet.

Frases comunes

- ***The car is in excellent condition.***
El auto está en excelentes condiciones.

- ***Do you want an automatic or a stick shift car?***
¿Quiere un auto con dirección automática o manual?

- ***What make and model are you looking for?***
¿Qué marca y modelo está buscando?

- ***How much can you afford to pay?***
¿Cuánto puede pagar?

- ***Where can I find updated prices?***
¿Dónde puedo encontrar cotizaciones?

- ***Are you interested in leasing a car?***
¿Le interesa comprar un auto por medio de leasing?

- ***Are there any special features you are looking for?***
¿Busca alguna característica en especial?

- ***Can I take it for a test drive?***
¿Puedo dar una vuelta de prueba?

- ***Is there an installment plan?***
¿Hay un plan de cuotas / plazos?

- ***What is my monthly payment?***
¿Cuál es el pago mensual?

#Vocabulario

 02

- ***new car*** *auto nuevo*
- ***used car / pre-owned car*** *auto usado*
- ***second-hand car*** *auto de segunda mano*
- ***car dealer*** *agencia de automóviles / concesionario*
- ***private seller*** *vendedor privado*
- ***compact car*** *auto pequeño*
- ***mid-size car*** *auto grande*
- ***full-size car*** *auto de ejecutivo*
- ***SUV*** *auto 4x4 / todo terreno*
- ***convertible*** *descapotable*
- ***pick-up*** *camioneta*

OUR SMS 

NO OLVIDES QUE **IN FRONT OF** NO EQUIVALE A ENFRENTE DE, SINO A DELANTE DE, COMO EN **THERE IS A GARDEN IN FRONT OF THE HOUSE**.

03

Cada oveja con su pareja

Relaciona cada expresión en inglés con su equivalente en español.

liability coverage	A	☐	cobertura total / a todo riesgo
insurance premium	B	☐	garantía extendida
full coverage	C	☐	prima del seguro
extended warranty	D	☐	cobertura de responsabilidad civil
license plate	E	☐	placa / patente

Recuerda lo básico

Al hablar es muy frecuente usar las formas contraídas del verbo, sean afirmativas o negativas.
Fíjate en estos ejemplos:

I am: ***I'm***
I am not: ***I'm not***
You are: ***you're***
We are not: ***we're not/we aren't***
You do not: ***you don't***

He does not: ***he doesn't***
I will: ***I'll***
She will not: ***she won't***
I would: ***I'd***
We would not: ***we wouldn't***

04

Vida en ESTADOS UNIDOS

La tarjeta del seguro social *(Social Security Card)* es tal vez el documento más importante que deben obtener los habitantes de este país. La tarjeta incluye el número del seguro social del titular.
Este número identificará a los estadounidenses para todo. No hay que dar este número del seguro social a nadie, excepto cuando lo exijan las oficinas públicas y bancarias, o en trámites oficiales.

#Ponlo en práctica

Para indicar posesión, la forma más usual de hacerlo es por medio de adjetivos posesivos que colocaremos delante de los nombres:

my: *mi/mis*
your: *tu/tus; su/sus (de usted)*
his: *su/sus (de él)*
her: *su/sus (de ella)*
its: *su/sus (de animales o cosas)*
our: *nuestro/a/os/as*
your: *su/sus (de ustedes)*
their: *su/sus (de ellos o ellas)*

Who's your favorite singer?
¿Quién es tu cantante favorito?
He's my uncle. Do you know him?
Él es mi tío. ¿Lo conoces?
I like her tablet.
Me gusta su tableta. (de ella).

#Es tu turno

Coloca el artículo determinado (the) donde se precise.

a) I work from .... 9 to .... 5.
b) On .... Sundays I like going to the beach.
c) Italy is in .... European continent.
d) Is he watching .... television?

#Cada cosa en su lugar

Coloca el adverbio de frecuencia donde corresponda.

a) He .... plays football .... (never)
b) I ....go .... to the movies. (often)
c) They ....are .... at home (always)

Soluciones

#Cada oveja con su pareja: liability coverage > cobertura de responsabilidad civil • insurance premium > prima del seguro • full coverage > cobertura total / a todo riesgo • extended warranty > garantía extendida • license plate > placa / patente.
#Es tu turno: a) - , - b) - c) the. d) -
#Cada cosa en su lugar: a) He never plays..., b) I often go... c) They are always....

¿Será que lo sé?

1.- ¿Cuáles de los siguientes nombres tienen la misma forma en singular y plural?

- **A** tooth
- **B** child
- **C** man
- **D** sheep
- **E** knife
- **F** match
- **G** fish
- **H** party

2.- Elegir el orden correcto de los adverbios.

a) They are living ....
(quietly / in this house).

b) I arrived ....
(in Madrid / two weeks ago).

c) She was sitting ....
(on a bench / comfortably).

 05

Soluciones

1.- sheep, fish
2.- a) They are living quietly in this house, b) I arrived in Madrid two weeks ago, c) She was sitting comfortably on a bench.

FUENTES FOTOGRÁFICAS

01 © Birgit Reitz-hofmann | Dreamstime.com
02 © Darren Baker | Dreamstime.com
03 © Donfiore | Dreamstime.com
04 © Alexskopje | Dreamstime.com
05 © Monkey Business Images | Dreamstime.com

01

Story of the day

The mechanic

Los automóviles suelen darnos sorpresas desagradables en las situaciones en que menos lo esperamos: que salga humo por debajo del capó, que se caliente el motor, que no funcionen bien los frenos, que haya ruidos extraños, y una lista interminable de problemas. Seguramente evitaríamos muchas de estas situaciones si lleváramos nuestro automóvil al taller con más frecuencia, donde un buen mecánico podría repararlo y hacerle un mantenimiento adecuado. Fíjate en el vocabulario comúnmente usado en estas situaciones.

Frases comunes

- ***My car broke down.***
Mi auto se averió.

- ***The car is being towed to the shop.***
El auto está siendo remolcado al taller.

- ***My car is making a weird noise.***
Mi auto está haciendo un ruido extraño.

- ***I'm here for an inspection.***
Estoy aquí para una inspección / revisión.

- ***Can you fix this?***
¿Puede arreglar esto?

- ***There is smoke coming from under the hood.***
Sale humo del capó.

- ***The brakes are not working.***
No funcionan los frenos.

- ***Can you change the oil?***
¿Puede cambiar el aceite?

- ***I have a flat tire.***
Tengo un neumático pinchado.

- ***How long will it take to fix it?***
¿Cuánto tiempo le llevará arreglarlo?

#Vocabulario

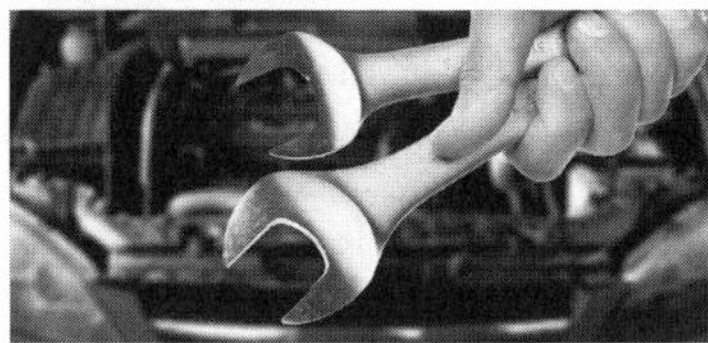 02

- ***shop / garage*** *taller*
- ***accessories*** *accesorios*
- ***estimate*** *presupuestar/ cotizar, presupuesto / cotización*
- ***overheat*** *recalentar*
- ***cooling fluid*** *líquido refrigerante*
- ***battery*** *batería*
- ***radiator*** *radiador*
- ***wrench*** *llave inglesa*
- ***oil*** *aceite*

OUR SMS 

RECUERDA QUE AL REFERIRNOS A UN DÍA CONCRETO DE LA SEMANA O DEL AÑO USAMOS **ON**, COMO EN **I WORK ON SATURDAYS** O **HIS BIRTHDAY IS ON MARCH 12TH**.

Ahora tú

Ordena las palabras para formar frases:

a) do to theater how go you the often?

b) you meet pleased to.

c) play they the never trumpet.

Cada oveja con su pareja

Relaciona cada expresión en inglés con su equivalente en español.

brake	A	☐	embrague
clutch	B	☐	parachoque
turn signal	C	☐	freno
hood	D	☐	capó
bumper	E	☐	luz intermitente

Recuerda lo básico

Para dar las gracias puedes usar alguna de las siguientes expresiones:

Thank you
Thank you very much
Thanks
Thanks a lot
Thank you very much indeed

Y para responder al agradecimiento podemos usar cualquiera de estas expresiones, que equivalen a "de nada" o "no tienes por qué":

You're welcome
That's okay
No problem
Anytime
Sure
Nothing at all
Not at all
Don't mention it

03

Vida en ESTADOS UNIDOS

Los Grandes Lagos son una formación natural ubicada en la frontera de los EEUU con Canadá. Son el mayor grupo de lagos de agua dulce de todo el mundo. De oeste a este se encuentran los lagos Superior, Michigan, Hurón, Erie y Ontario. El sistema incluye también los ríos Santa Maria, Saint Clair y Detroit, así como el río Niágara y sus famosas cataratas.

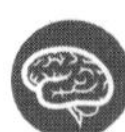

#¿Qué crees?

Completar los espacios con la forma negativa de los siguientes verbos en presente: **speak**, **play**, **eat**, **work**.

a) I .... basketball.

b) My dog .... chocolate.

c) Sally and Jess .... Chinese.

d) They ....on Sunday.

#Ponlo en práctica

Recuerda que **"How"** puede combinarse con otra palabra para formar multitud de preguntas, como las siguientes, entre muchas otras:

How late do you deliver? *¿Hasta qué hora hacen envíos?*

How long will it take you to do that? *¿Cuánto tiempo tardarás en hacer eso?*

How far is his house? *¿A qué distancia está su casa?*

How old are you? *¿Cuántos años tienes?*

How wide is the river? *¿Qué anchura tiene el río?*

How much is your car? *¿Cuánto cuesta tu auto?*

How many chairs are there in the living room? *¿Cuántas sillas hay en el salón?*

Soluciones

#Cada oveja con su pareja: brake ˃ freno • clutch ˃ embrague • turn signal ˃ luz intermitente • hood ˃capó • bumper ˃ parachoque: **#Ahora tú:** a) How often do you go to the theater?, b) Pleased to meet you, c) They never play the trumpet: **#¿Qué crees?:** a) don't play, b) doesn't eat, c) don't speak, d) don't work.

¿Será que lo sé?

1.- Ordenar las palabras para formar oraciones.

a) twenty are a in there packet cigarettes ?

....

....

b) not a the is there telephone on table

....

....

2.- Ordenar las letras de cada palabra para formar una parte del cuerpo. Ordenando las letras que se encuentran en las casillas con círculos se obtiene otra parte del cuerpo.

WOBLE ☐☐☐☐◯

RESHODLU ☐☐☐☐☐☐☐☐

FIRENG ☐◯☐☐☐☐

NALKE ◯☐☐☐☐

SECHT ☐☐☐◯◯

◯◯◯◯◯

Soluciones

1.- a) Are there twenty cigarettes in a packet?, b) There is not a telephone on the table.
2.- ELBOW, SHOULDER, FINGER, ANKLE, CHEST -> WAIST

FUENTES FOTOGRÁFICAS

01 © Silberkorn | Dreamstime.com
02 © Kurhan | Dreamstime.com
03 © Sergey Rogovets | Dreamstime.com

¿Qué te parecería si al ir a lavar el auto casualmente te encontraras con Vin Diesel?

A todos nos gusta tener nuestro auto limpio y brillante, por dentro y por fuera. Hoy en día, los lavaderos de autos tienen máquinas que lavan la parte externa de los automóviles, les aplican cera, los lustran y disimulan rayas, limpian las ruedas y también el motor, si así lo solicitamos. También limpian manualmente las alfombras, los asientos y el tablero, y perfuman el interior para que parezca que recién salimos de la agencia donde lo compramos. En esta ocasión vamos a ir a lavar el auto y..... ¡sorpresa! Vin Diesel se encuentra en el auto justo delante del nuestro. ¡Atrévete a hablar con él! El lavado del auto será la excusa perfecta para entablar una conversación.

01

Vocabulario

02

- ***hood*** *capó*
- ***headlights*** *luces delanteras*
- ***bumper*** *parachoque*
- ***turn signal*** *intermitente*
- ***tire*** *neumático*
- ***side view mirror*** *espejo retrovisor lateral*
- ***rear view mirror*** *espejo retrovisor*
- ***windshield*** *parabrisas*
- ***windshield wiper*** *limpiaparabrisas*
- ***trunk*** *maletero*
- ***license plate*** *placa de matrícula*
- ***tailpipe*** *tubo de escape*
- ***engine*** *motor*

Mejora tu pronunciación

*En inglés es muy frecuente un sonido que tiene la letra **"a"** y que no existe en español, pues es una mezcla de **"a"** y **"e"**.*

*Este sonido lo encontraremos en multitud de palabras, como en las siguientes: **happy**, **at**, **and**, **have**, **bag**, **cab**, **sad**, **glass**, etc.*

03

04

Te retamos

¿CONSEGUIRÁS RESPONDER A TODAS LAS PREGUNTAS?

Las siguientes preguntas tienen una dificultad creciente.
Juega con nosotros e intenta llegar hasta la última sin cometer errores.

1. ¿Cómo se denomina en inglés a un pintor?

....

2. ¿Cómo se denomina a la esposa de mi hermano?

....

3. ¿Qué interrogativo completa la oración?
"................ is "Independence Day" in the USA? It's on July 4th."

a) Where **b)** When **c)** Why?

4. ¿Cuál es el adjetivo posesivo que corresponde a "de usted"?

a) his
b) your
c) its

5. ¿Con qué expresión de una sola palabra podemos dar las gracias?

....

6. Completa la oración con la preposición correspondiente (in / on / at).
"Peter is not very well. He is .... bed now."

7. ¿Cuál es la forma de pasado del verbo "read"?

....

8. ¿Cuál de las siguientes oraciones no es correcta?

a) It's my neighbor's problem
b) It's my neighbors' problem
c) It's my neighbors's problem

Soluciones

#Te retamos: 1.- painter; 2.- sister-in-law; 3.- b; 4.- b; 5.- Thanks; 6.- in; 7.- read; 8.- c.

¿Será que lo sé?

1.- Ordenar las letras de cada palabra, que son habitaciones de la casa. Ordenando las letras que se encuentran en las casillas con círculos se obtiene otra habitación.

BOATORMH
KCTIHEN
INNDIG-
OMRO
GLVINI-
OOMR

2.- Completar el crucigrama con los equivalentes en inglés del vocabulario sobre la salud que aparece en español.

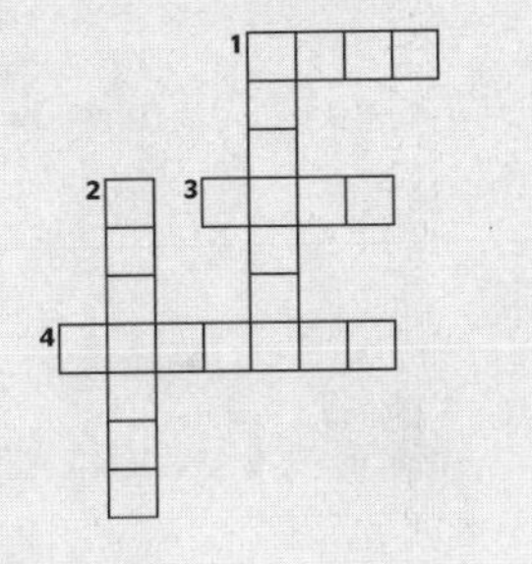

03

Across	*Down*
1. Dolor	**1.** Paciente
2. Enfermo	**2.** Enfermedad
4. Sano, saludabe	

Soluciones

1.- BATHROOM, KITCHEN, DINING-ROOM, LIVING-ROOM, -> BEDROOM
2.- 1. PAIN, PATIENT, 2. DISEASE, 3. SICK, 4. HEALTHY

FUENTES FOTOGRÁFICAS

01 © Featureflash | Dreamstime.com
02 © Kutt Niinepuu | Dreamstime.com
03 © Turkbug | Dreamstime.com
04 © Branex | Dreamstime.com

01

Vin Diesel, a speeding career.

Mark Sinclair Vincent, más conocido como Vin Diesel (1967, Nueva York), es el actor protagonista de películas de acción como *"The Fast and the Furious"*, *"Pitch Black"* o *"The Pacifier"*, y hoy nos acompaña en el lavado del auto.
De ascendencia dominicana e italiana, este famoso actor es fácilmente identificable por su físico musculoso, su cabeza afeitada y su voz profunda. Hoy contamos con él para mostrarnos algunas expresiones que nos resultarán de gran ayuda en el lavadero de autos.

02

OUR SMS 

RECUERDA QUE LOS VERBOS ACABADOS EN S, SH, CH, X, O Y Z FORMAN LA TERCERA PERSONA SINGULAR DEL PRESENTE AÑADIENDO ES, COMO HE WASHES.

Vocabulario

- ***car wash*** *lavadero de autos*
- ***drive thru car wash*** *lavadero automático*
- ***hand wash*** *lavado manual*
- ***bucket*** *balde / cubo*
- ***soap*** *jabón*
- ***sponge*** *esponja*
- ***brush*** *cepillo*
- ***vacuum*** *pasar la aspiradora*
- ***wax*** *cera, encerar*
- ***polish*** *lustrar*
- ***wipe down*** *limpiar con un paño*

03

04

Frases comunes

- ***I want to have my car detailed.***
Quiero un lavado completo de mi auto.

- ***Drive forward, please.***
Muévase hacia adelante, por favor.

- ***Put your car in neutral.***
Ponga su auto en punto neutro.

- ***Make sure the windows are up.***
Asegúrese de que las ventanillas están cerradas.

- ***Remove all valuables from your car.***
Llévese todos los objetos de valor que haya en su auto.

- ***Would you like to have your car waxed?***
¿Le gustaría una terminación encerada?

- ***Can I have your car key?***
¿Puede darme la llave de su auto?

#¿Lo sabes?

Elegir el término que significa *"tablero de control"* o *"salpicadero"* en un auto:

A dashboard
B cardboard
C control board

#También aprenderás riendo

Veamos unos chistes donde se bromea acerca de los autos.

– What part of the car is the laziest?
– The wheels, because they are always tired!

–What would you call the USA if everyone had a pink car?
– A pink car-nation!

Soluciones

#¿Lo sabes?: a.

¿Será que lo sé?

1.- Señalar si las siguientes frases son correctas o incorrectas.

a) Do you have some brothers or sisters? ....

b) Can I have some milk, please? ....

c) She speaks some French. ....

2.- Elegir la respuesta correcta en cada caso.

a) I .... ***(borrowed / lent)*** his bicycle and never used it.

b) She went to school .... ***(in spite of / although)*** she was sick.

c) Paula .... ***(borrowed / lent)*** me some money yesterday.

d) They played the match .... ***(despite / although)*** the rain.

05

Soluciones

1.- a) Incorrecta, b) Correcta, c) Correcta.
2.- a) borrowed, b) although, c) lent, d) despite

FUENTES FOTOGRÁFICAS

01 © Imagecollect | Dreamstime.com
02 © Andrew7726 | Dreamstime.com
03 © Loraks | Dreamstime.com
04 © Mauricio Jordan | Dreamstime.com
05 © Fedecandoniphoto | Dreamstime.com

01

 # Story of the day

Introducing people

En las presentaciones tienen lugar las primeras frases que decimos cuando conocemos a alguien, sea en la calle, en la oficina, en una fiesta, etc. Forman parte de una pequeña charla que es un poco diferente a la que mantenemos cuando saludamos a amigos, y hemos de esmerarnos en hacer un buen papel en las mismas, pues ya se sabe que la primera impresión deja huella. A continuación veremos vocabulario y expresiones que nos ayudarán, llegado el momento de conocer a alguien.

Vocabulario y frases comunes

Para presentarse uno a sí mismo se pueden utilizar distintas expresiones:

- ***Hi, I'm Bob.*** *(informal)*
  Hola, soy Bob.

- ***Hello, my name is Bob.*** *(formal)*
  Hola, me llamo Bob.

- ***Allow me/I'd like to introduce myself. My name is Bob.*** *(muy formal)*
  Permítame/Me gustaría presentarme. Me llamo Bob.

Para presentar a otra persona se puede decir:

- ***Peter, this is Susan.*** *(informal)*
  Peter, ella es Susan.

- ***Peter, I don't think you know Susan.*** *(informal)*
  Peter, creo que no conoces a Susan.

- ***Peter, I'd like you to meet Susan.*** *(neutro)*
  Peter, quiero que conozcas a Susan.

- ***Let me introduce you to Susan.*** *(formal)*
  Permítame presentarle a Susan.
- ***I'd like to introduce you to Susan.*** *(formal)*
  Me gustaría presentarte a Susan.

Al saludarse las personas que se han presentado, suelen decir:

- ***Nice to meet you.*** *(informal)*
  Mucho gusto / Encantado de conocerte.

- ***Pleased to meet you.***
  (un poco formal)
  Encantado de conocerte.

- ***It's a pleasure to meet you.*** *(formal)*
  Un placer conocerle.

- ***How do you do?**** *(formal)*
  Es un placer conocerle.

Esta pregunta se responde formulando la misma pregunta. Igualmente es muy común darse un apretón de manos cuando se conoce a alguien, pero, tras hacerlo en la presentación, dicho acto queda reducido a entornos más formales, de negocios, etc. En otras circunstancias la gente se suele saludar con un simple **"Hi!"*

OUR SMS 

RECUERDA QUE SI QUIERES SABER EL SIGNIFICADO DE LA PALABRA GRAPE PREGUNTARÁS WHAT DOES GRAPE MEAN?, O WHAT IS THE MEANING OF GRAPE?

Cada oveja con su pareja

02 ***Relaciona cada expresión en inglés con su equivalente en español.***

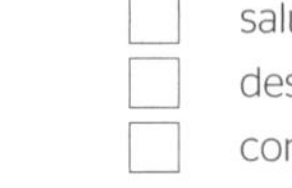

greeting	A	☐	despedida
farewell	B	☐	saludo
stranger	C	☐	desconocido
acquaintance	D	☐	conocido

Recuerda lo básico

Cuando describes lo que haces habitualmente, lo expresas usando el presente:

I wake up at 8 a.m. every day.
Me levanto a las 8 de la mañana todos los días.

I read the newspaper in the morning.
Leo el periódico por la mañana.

*Si usas **he**, **she** o **it**, debes agregarle una **«s»** al verbo:*

He wakes up at 8 a.m. every day.
Él se levanta a las 8 de la mañana todos los días.

She reads the newspaper in the morning.
Ella lee el periódico por la mañana.

*Podrás usar también expresiones como **always** (siempre), **every day** (todos los días), **often** (a menudo), etc.*

My friend always takes that bus.
Mi amiga siempre toma ese autobús.

03

Vida en ESTADOS UNIDOS

Las leyes que prohíben la discriminación en el trabajo se llaman leyes de igualdad de oportunidades de empleo. En Estados Unidos es ilegal hacer cualquier tipo de discriminación, sea por sexo, raza, religión o edad. Si una persona es discriminada por alguno de estos motivos debe denunciarlo a las autoridades, aunque es conveniente consultar con un abogado antes de iniciar algún proceso legal en Estados Unidos.

#Ponlo en práctica

La preposición de lugar **"in"** equivale a "en" en español, pero se usa para referirnos a que algo está **"dentro"** de un lugar o espacio limitado. Así:

My father's in the kitchen.
Mi padre está en la cocina.
They are living in Canada.
Ellos están viviendo en Canadá.

The gift is in a box.
El regalo está en una caja.

Igualmente nos la encontraremos en expresiones como:
in a car *en un auto*
in a store *en una tienda*
in the park *en el parque*
in the water *en el agua*
in bed *en la cama*

#Es tu turno

Relaciona las partes que forman una oración correcta.

You handled	A	1	in here.
They often talk	B	2	the situation well.
It feels really warm	C	3	to that old man.
Everyone seemed	D	4	very nervous.

#Cada cosa en su lugar

Identifica el lugar que le corresponde a cada una de las siguientes palabras: **us**, **it**, **you**, **its**.

This comfortable hotel, with **(a)**......... beautiful gardens, is ideal for **(b)**........, but **(c)** .... is a bit expensive. What do **(d)**........... think?

Soluciones

#Cada oveja con su pareja: greeting ≻ saludo • farewell ≻ despedida • stranger ≻ desconocido • acquaintance ≻ conocido; **#Cada cosa en su lugar:** a) its, b) us, c) it, d) you; **#Es tu turno:** a) 2, b) 3, c) 1, d) 4.

¿Será que lo sé?

1.- *Completar los espacios con el artículo correspondiente si se precisa.*

a) I never get up at .... 07:00.

b) Does he like .... biology?

c) Susan sometimes plays .... violin but she rarely plays .... basketball.

2.- *¿Cuáles de las siguientes expresiones se usan para introducir una opinión?*

a) I think ...

b) I guess ...

c) I tell ...

 04

Soluciones

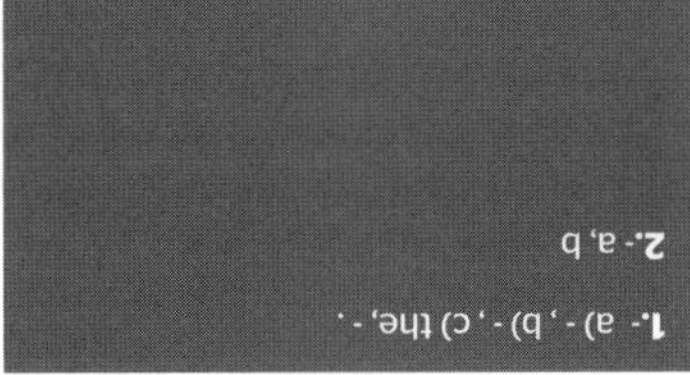

FUENTES FOTOGRÁFICAS

01 © Tomas Del Amo | Dreamstime.com
02 © Bialasiewicz | Dreamstime.com
03 © Jakub Jirsák | Dreamstime.com
04 © Lorraine Swanson | Dreamstime.com

01

Story of the day

A job interview

Antes de ir a una entrevista de trabajo intenta revisar las preguntas más comunes que crees que te pueden hacer. Además, practica las respuestas y la actitud que debes mostrar ante la persona o personas que realicen la entrevista. Debes mostrarte seguro/a y sincero/a, a la vez que responsable y ambicioso/a a nivel profesional. A continuación se muestran vocabulario, expresiones y preguntas típicas que suelen aparecer en una entrevista de trabajo.

Frases comunes

- ***What's your current job? / What do you do at the moment?***
¿Cuál es su actual empleo? / ¿A qué se dedica actualmente?

- ***My current position / job is ...***
Mi puesto / trabajo actual es ...

- ***Do you have any references?***
¿Tiene referencias?

- ***When can you start?***
¿Cuándo puede comenzar?

- ***Are you available to work overtime?***
¿Está disponible para trabajar horas extras?

- ***What would my responsibilities be?***
¿Cuáles serían mis obligaciones / tareas?

- ***Do you prefer to work independently or on a team?***
¿Prefiere trabajar de manera independiente o en equipo?

- ***Could you describe your work style?***
¿Podría describir su forma de trabajar?

- ***What motivates you?***
¿Qué le motiva?

- ***Do you have any experience?***
¿Tiene experiencia?

Vocabulario

 02

- ***hire*** *contratar*
- ***fire*** *despedir (por incumplimiento o mala conducta)*
- ***lay off*** *despido / despedir (por causas ajenas al trabajador)*
- ***resign*** *renunciar, dimitir*
- ***promotion*** *ascenso*
- ***severance pay*** *indemnización por despido*
- ***overtime*** *horas extras*
- ***work permit*** *permiso de trabajo*

OUR SMS 

¿SABÍAS QUE EN INGLÉS EL VERBO TO BE ES EL ÚNICO QUE TIENE DOS FORMAS EN LA CONJUGACIÓN DEL PASADO? ESTAS FORMAS SON WAS Y WERE.

Cada oveja con su pareja

Relaciona cada expresión en inglés con su equivalente en español.

environment	A	☐	punto fuerte
ability	B	☐	capacidad
strength	C	☐	entorno, ambiente
weakness	D	☐	manejar
handle	E	☐	punto débil

Completa

Elige las opciones correctas para completar la frase.

Her house is .... the station and the market.

A near
B far from
C between
D over

#Recuerda lo básico

*Para expresar una acción habitual o rutinaria en presente y nos referimos a **"he"**, **"she"** o **"it"**, hemos de considerar que:*

a) *Si el verbo acaba en **"o/s/sh/ch/x"**, se ha de añadir **"es"**.*
He goes to the gym. *Él va al gimnasio.*

b) *Si el verbo acaba en **"y"** precedida de vocal, sólo añadimos una **"s"**:*
The boy plays in the garden. *El niño juega en el jardín.*

c) *Si el verbo acaba en **"y"** precedida de consonante, la terminación será **"ies"**:*
That baby cries a lot. *Ese bebé llora mucho.*

Soluciones

#Cada oveja con su pareja: environment > entorno, ambiente • ability > capacidad • strength > punto fuerte • weakness > punto débil • handle > manejar.
#Completa: "a", "b" y "c".
#Tiralíneas: a) 2, b) 1, c) 4, d) 3.
#Es tu turno: b.

03

Vida en ESTADOS UNIDOS

El "Ala Oeste" *("West Wing")* de la Casa Blanca es el lugar donde está situado el Despacho Oval (despacho presidencial), la Sala de Reuniones del Gabinete y la Sala de Situaciones (central de inteligencia), que está ubicada en el sótano. El "Ala Este" *("East Wing")*, por su parte, alberga un cine privado y las oficinas de la Primera Dama.

#Tiralíneas

Identifica la parte de oración que completa la información.

Sit down,	A	1	did you?
You didn't do the shopping,	B	2	will you?
You speak French,	C	3	didn't you?
You played the piano,	D	4	don't you?

#Ponlo en práctica

La preposición de lugar **"on"** equivale a "en" en español, pero se usa para referirnos a que algo está **"sobre"** una superficie con la que tiene contacto. Así:

My glasses are on the table.
Mis lentes están en la mesa.
The pictures are on the wall.
Los cuadros están en la pared.
The children are playing on the floor.
Los niños están jugando en el piso.

Igualmente nos la encontraremos en expresiones como:

on a bus/train/plane
en un autobús/tren/avión
on Oak steet *en la calle Oak*
on the first floor
en el primer piso
on the radio/TV *en la radio/televisión*
on the computer *en la computadora*
on the left/right
a la izquierda/derecha

#Es tu turno

Si quiero buscar una palabra en el diccionario, diré que...

A I want to look for a word in the dictionary.

B I want to look up a word in the dictionary

C I want to look into a word in the dictionary.

D I want to look down on a word in the dictionary.

¿Será que lo sé?

1.- Encontrar seis utensilios usados en la mesa cuando uno se dispone a comer. Se dan las letras iniciales: F, G, K, N, S, T.

U E K Z S N Y I
B S R P L A X Q
G P O P R P H G
S O F T Q K K H
N S G E F I N K
A N A I D N S O
Z D V L W K Z F
K E Z P G N L U

2.- Encontrar cinco palabras relacionadas con el hotel. Se dan las letras iniciales: B, F, G, L, V.

Y L O B B Y I G
S C W P G C O N
F Z N P S T I I
P L O A S P F K
H O O E C P N O
P C U O W A J O
M G H X R R V B
P I Z G P I M N

04

Soluciones

1.- FORK, GLASS, KNIFE, NAPKIN, SPOON, TRAY
2.- BOOKING, FLOOR, GUEST, LOBBY, VACANCY

FUENTES FOTOGRÁFICAS

01 © Andiafaith | Dreamstime.com
02 © Nyul | Dreamstime.com
03 © Ernitz | Dreamstime.com
04 © Daniel Raustadt | Dreamstime.com

¿Te vienes de viaje con Brad Pitt?

Viajar es, sin duda, una de nuestras actividades favoritas. Ya sea durante el verano o durante un fin de semana largo, toda oportunidad es buena para emprender un viaje hacia otra ciudad, otro país, una playa que nos recomendaron o un centro de esquí en una zona montañosa, ya sea para relajarnos y descansar o para practicar alguna actividad deportiva.
En esta ocasión Brad Pitt te va a enseñar el vocabulario que necesitas saber para empezar a planificar tu próximo viaje. ¿Quieres ir con él?

01

Frases comunes

- ***When are you going on a trip?***
¿Cuándo te vas de viaje?

- ***How much is the ticket to New York?***
¿Cuánto vale el boleto a Nueva York?

- ***Is there a reduced fare for children?***
¿Hay una tarifa reducida para niños?

- ***Are you traveling alone?***
¿Viaja solo/a?

- ***The average American's commute to work is 25.5 minutes each way.***
El tiempo de desplazamiento del americano medio al trabajo es de 25,5 minutos en cada sentido.

- ***What time do you think we will leave/depart?***
¿A qué hora crees que partiremos?

- ***Have a good/nice trip!***
¡Que tengas un buen viaje!

Vocabulario

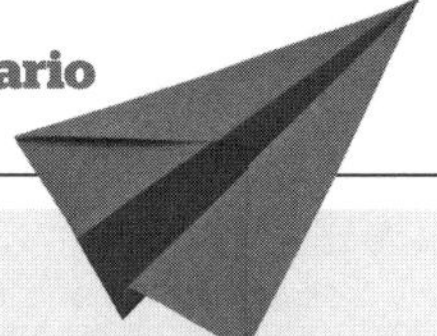

02

- ***travel*** *viajar*
- ***travel agency*** *agencia de viajes*
- ***travel agent*** *agente de viajes*
- ***trip*** *viaje (ida y vuelta)*
- ***go on a trip*** *ir de viaje*
- ***take a trip*** *hacer un viaje*
- ***day trip*** *excursión de un día*
- ***journey*** *viaje (de ida o de vuelta)*
- ***tourist*** *turista*
- ***vacation*** *vacaciones*
- ***long weekend*** *fin de semana largo*

Además, existen muchos tipos de viajes, como:
- ***business trip*** *viaje de negocios*
- ***field trip*** *viaje escolar*
- ***honeymoon*** *luna de miel*
- ***pleasure trip*** *viaje de placer*
- ***commute*** *desplazarse (desplazamiento) a diario de casa al trabajo*

Mejora tu pronunciación

Ten cuidado a la hora de pronunciar, ya que el inglés no es como el español, y muchas veces diferentes vocales o combinaciones de ellas suenan de la misma manera que otras. Por ejemplo, en la siguiente serie de palabras veremos que las vocales subrayadas se pronuncian igual en todas las palabras, mientras que se escriben de forma diferente: ***eat, either, niece, me, see.***

03

04

Te retamos

¿CONSEGUIRÁS RESPONDER A TODAS LAS PREGUNTAS?
Las siguientes preguntas tienen una dificultad creciente.
Juega con nosotros e intenta llegar hasta la última sin cometer errores.

1. ¿Cuál es la contracción de "was" y "not"?

....

2. ¿Cuál de las siguientes opciones no es una fórmula de despedida?
a) See you! **b)** Take care! **c)** Go on!

3. ¿Cuál de las siguientes oraciones es incorrecta?
a) She is a baker
b) We are a cooks
c) You are an engineer

4. ¿Qué colores contiene la bandera de los EEUU?

....

5. ¿Cómo se denomina la hija de mi hermana?
a) nephew **b)** niece **c)** cousin

6. ¿Qué opción completa correctamente la frase "........... books over there are interesting".
a) That **b)** These **c)** Those

7. ¿Cuál de las siguientes opciones es incorrecta y no puede completar la frase?
It was a .... day.
a) warmy **b)** cloudy **c)** windy

8. Completa la oración con la respuesta correcta:
"Look at those smartphones. They're ....".
a) them **b)** their **c)** theirs

Soluciones

#Te retamos: 1.- wasn't; 2.- c; 3.- b; 4.- white, red, blue; 5.- b; 6.- c; 7.- a; 8.- c

¿Será que lo sé?

1.- Completar los espacios con "How much" o "How many", según corresponda.

a) .... are the dictionaries?

b) .... wine is there in the bottle?

c) .... pictures do you have?

d) .... children are there in the room?

2.- Señalar la respuesta correcta a "How long does it take you to get to work?"

a) It takes us thirty minutes.

b) It takes you thirty minutes.

c) It takes them thirty minutes.

05

Soluciones

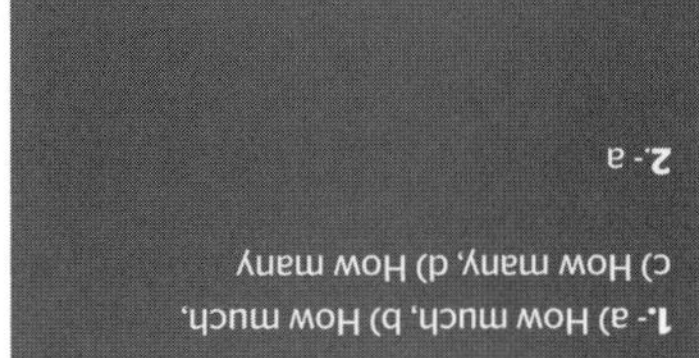

FUENTES FOTOGRÁFICAS

01 © Sbukley | Dreamstime.com
02 © Moji1980 | Dreamstime.com
03 © Denis Makarenko | Dreamstime.com
04 © Wavebreakmedia Ltd | Dreamstime.com
05 © Gvictoria | Dreamstime.com

01

Going on a trip with Brad Pitt

Hoy el atractivo actor Brad Pitt (1963, Shawnee, Oklahoma) nos llevará de viaje. No sabemos dónde, pero el protagonista de películas tan exitosas como *"Thelma&Louise"*, *"Mr. and Mrs. Smith"* o *"The Curious Case of Benjamin Button"*, nos facilitará que aprendamos algunas expresiones y vocabulario que nos resultarán de gran ayuda en la planificación de un viaje y nos lo pueden hacer más placentero. Giramos la llave, arrancamos el motor y.... ¡adelante!

Frases comunes

02 • ***Try to get your vehicle inspected before leaving.***
Intenta que te revisen el auto antes de partir.

• ***Should I bring traveler's checks, cash, or credit cards?***
¿Debería llevar cheques de viajes, dinero en efectivo o tarjetas de crédito?

• ***Will my card work in the countries I'm traveling to?***
¿Funcionará mi tarjeta en los países a los que voy a viajar?

• ***What happens if my credit/debit card is lost or stolen?***
¿Qué ocurre si mi tarjeta de crédito/débito se pierde o la roban?

• ***What phone number should I call in case of emergency? Is it a toll-free number?***
¿A qué número debería llamar en caso de emergencia? ¿Es un número gratuito?

• ***What excursions or activities do you suggest?***
¿Qué excursiones o actividades sugieres?

• ***What destinations work well with my specific interests?***
¿Qué destinos se adecúan a mis intereses?

• ***What is the best time of year to travel to this destination?***
¿Cuál es la mejor época del año para viajar a este destino?

Vocabulario 02

- ***host*** *anfitrión*
- ***guest*** *huésped*
- ***accommodation*** *alojamiento / hospedaje*
- ***leave, depart*** *partir, salir*
- ***departure*** *salida*
- ***arrival*** *llegada*
- ***baggage, luggage*** *equipaje*
- ***suitcase*** *maleta*
- ***pack (your bag)*** *hacer la maleta*

OUR SMS

PARA DECIR QUE ALGO QUE NOS HAN PROPUESTO PARECE MUY DIVERTIDO, PODEMOS USAR LA EXPRESIÓN SOUNDS LIKE A LOT OF FUN.

03

04

¿Será que lo sé?

1.- ¿Cuántos verbos en gerundio se pueden encontrar en la siguiente serie de letras?

BINGCOMINGSELLINGDANINGE
TINGOINGLIVINGSTUDINGDRI
VINGSEINGSLEEPING

....

....

....

2.- Indicar cuál de las siguientes expresiones es incorrecta.

a) Oh! How nice!

b) What a nice phone!

c) Oh! What nice!

#Veamos

Ordena las palabras para formar frases.

a) sold car I for my $4,000

....

b) breakfast what having for are they?

....

c) grandmother gift is this your for

....

#También aprenderás riendo

Veamos a continuación unos chistes sobre viajes.

No matter how many rooms there are in the motel; the guy who starts up his car at five o'clock in the morning is always parked under your window.

When traveling with children, at least one of them will ask to go to the bathroom exactly halfway between any two rest areas.

05

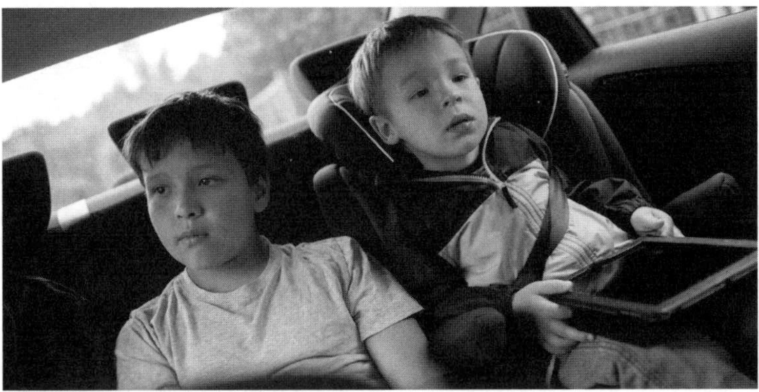

06

Soluciones

1.- Coming, Selling, Going, Living, Driving, Sleeping
2.- c

Soluciones

#Veamos: a) I sold my car for $4,000, b) What are they having for breakfast?, c) This gift is for your grandmother.

FUENTES FOTOGRÁFICAS

01 © Featureflash | Dreamstime.com
02 © Esviesa | Dreamstime.com
03 © Denis Makarenko | Dreamstime.com
04 © Juice Images | Dreamstime.com
05 © Danil Roudenko | Dreamstime.com
06 © Antonio Guillem | Dreamstime.com

01

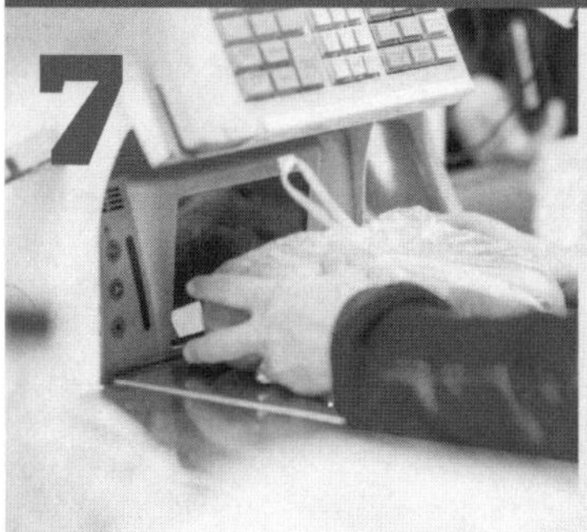

7

#Story of the day

The cashier

El trabajo de cajero/a requiere una persona muy responsable y eficiente. Por sus manos circulan no solo dinero, sino también documentos importantes, como cheques, tarjetas de crédito y de débito, recibos, y, si trabaja en un supermercado, diferentes mercaderías. Se debe tener mucha concentración y cuidado, así como un trato agradable con los clientes. A continuación podrás conocer el vocabulario que deben usar frecuentemente quienes realizan este trabajo.

#Frases comunes

- ***Do you have a rewards or loyalty card?***
¿Tiene tarjeta de cliente?

- ***You must show your ID for purchases of alcohol.***
Usted debe mostrar su identificación para comprar bebidas alcohólicas.

- ***Next in line!***
¡Siguiente!

- ***The receipt is required for returns.***
Se necesita el recibo para las devoluciones.

- ***This coupon is expired.***
Este cupón está vencido.

- ***This is an express checkout for ten items or less.***
Esta es una caja rápida para diez artículos o menos.

- ***I think you should double-bag the glass bottles.***
Creo que deberías poner las botellas de cristal en bolsas dobles.

- ***Could you pay with a smaller bill?***
¿Puede pagar con un billete más pequeño?

- ***How would you like your change?***
¿Cómo prefiere el cambio?

- ***The bottom copy is yours.***
La copia de abajo es suya.

#Vocabulario

02

- ***cashier*** *cajero/a*
- ***checkout*** *caja*
- ***self checkout*** *caja de autoservicio*
- ***cash register*** *caja registradora*
- ***screen*** *pantalla*
- ***receipt*** *recibo*
- ***change*** *cambio, cambiar*
- ***cash*** *dinero en efectivo*
- ***bill*** *billete*
- ***coin*** *moneda*
- ***return*** *devolución, devolver*
- ***barcode*** *código de barras*
- ***scan*** *escanear*

OUR SMS 

RECUERDA QUE LA EXPRESIÓN **YOU ARE RIGHT** EQUIVALE A TIENES RAZÓN, MIENTRAS QUE **YOU ARE WRONG** SIGNIFICA ESTÁS EQUIVOCADO.

#Recuerda lo básico

*Hay palabras que se refieren a sustancias que no pueden ser contadas por unidades, como **cheese** (queso), **milk** (leche) o **ice** (hielo), por lo que para expresar cantidad debes usarlas junto con otras expresiones:*

a piece of cheese: *una porción de queso*
a glass of milk: *un vaso de leche*
an ice cube: *un cubito de hielo*

O con las palabras "some" o "a little":
We need to buy some cheese.
Necesitamos comprar queso.

I have a little milk.
Tengo un poco de leche.
Would you like some ice in your drink?
¿Quieres hielo en tu bebida?

#Cada oveja con su pareja

Relaciona cada expresión en inglés con su equivalente en español.

checkout	A	☐	venta al por mayor, de mayorista
discount	B	☐	local de venta al público
wholesale	C	☐	etiqueta
retail store	D	☐	descuento
price tag	E	☐	caja

03

04

Vida en ESTADOS UNIDOS

Para viajar por los Estados Unidos, además de los aviones, podemos hacer uso de los autobuses y los trenes. La compañía más grande de autobuses es GREYHOUND, y la de trenes, AMTRAK. Cuando llega un período feriado largo es bueno que reserves el boleto con anticipación, pues te puedes quedar sin él si esperas al último momento.

Los estadounidenses viajan mucho por el país durante los días feriados y todos los medios de transporte se llenan al completo. La fecha para la que más se viaja por el país es *Thanksgiving* o Día de Acción de Gracias. El estadounidense tiene mucha movilidad y suele vivir en muchos lugares del país a lo largo de su vida, por lo que cuando hay una reunión familiar sabe que toca viajar para poder estar juntos.

#Ponlo en práctica

Para hablar sobre lo que dura una acción o actividad, en español se suelen usar los verbos *"tardar"* o *"demorar"*. Para estas situaciones, en inglés usaremos el verbo "**take**". Observa los ejemplos:

How long does the bus take to get there? It takes two hours.
¿Cuánto tiempo tarda el autobús en llegar allí? Tarda dos horas.
Does it take long? No, it doesn't.
¿Tarda mucho? No, no tarda mucho.

#Cada cosa en su lugar

Identifica el lugar que le corresponde a cada una de las siguientes palabras: **grapes**, **math**, **twins**.

a) The .... came with me in the car.

b) Will you eat all those ....?

c) Her sister didn't study ....

#¿Lo sabes?

Indica la opción que no es correcta para completar la frase.
You can look for ....

A your glasses
B television
C my brother

Soluciones

#Cada oveja con su pareja: checkout > caja • discount > descuento • wholesale > venta al por mayor, de mayorista • retail store > local de venta al público • price tag > etiqueta; **#Cada cosa en su lugar:** a) twins, b) grapes, c) math; **#¿Lo sabes?:** b.

¿Será que lo sé?

1.- Completar el crucigrama con los términos en inglés equivalentes a los que aparecen en español.

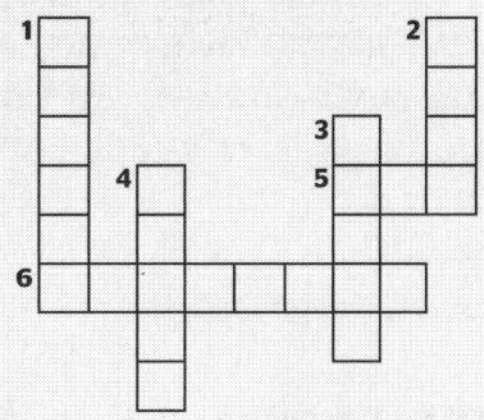

Across	*Down*
5. Sombrero	**1.** Guantes
6. Zapatillas deportivas	**2.** Traje
	3. Camisa
	4. Vestido

2.- Señalar las respuestas incorrectas a la pregunta "How long has he had that computer?"

a) He's had it for two months.

b) He's had it since two months.

c) He's had it for 2009.

d) He's had it since September.

05

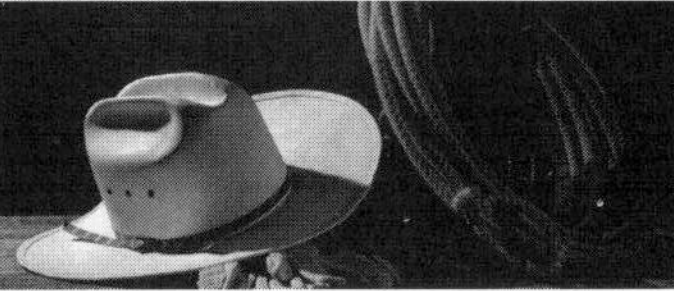

Soluciones

1.- 1. GLOVES, 2. SUIT, 3. SHIRT, 4. DRESS, 5. HAT, 6. SNEAKERS
2.- b, c

FUENTES FOTOGRÁFICAS

01 © Sergeypeterman | Dreamstime.com
02 © Dave Bredeson | Dreamstime.com
03 © Dolgachov | Dreamstime.com
04 © Kongomonkey | Dreamstime.com
05 © Olivier Le Queinec | Dreamstime.com

Story of the day

The Internet

Internet ha transformado definitivamente nuestra manera de relacionarnos y de obtener información. A través de una simple conexión, desde nuestra computadora podemos leer las noticias, escuchar la radio, investigar sobre los temas que nos interesen, hacer compras, organizar nuestras vacaciones, ver películas, escuchar música, hacer trámites administrativos y bancarios, enviar correos electrónicos o chatear con nuestros amigos, entre muchas otras posibilidades. Para familiarizarte con el lenguaje que encontrarás frecuentemente cuando navegues por la red, te serán muy útiles las siguientes expresiones y frases.

Frases comunes

- ***Click on the icon.***
  Haz clic en el icono.
- ***Enter your username/password.***
  Introduzca su nombre de usuario/ contraseña.
- ***Set up your computer.***
  Configure su computadora.
- ***Check your emails.***
  Compruebe sus correos electrónicos.
- ***Don't visit that web page.***
  No visite esa página web.
- ***Click on that link.***
  Haga clic en ese enlace.
- ***Could you pay with a smaller bill?***
  ¿Puede pagar con un billete más pequeño?
- ***Did you already create an account?***
  ¿Ya creaste una cuenta?
- ***Are you downloading any files?***
  ¿Estás descargando archivos?
- ***I can look for a job and pay my bills online.***
  Puedo buscar trabajo y pagar mis facturas en línea/por internet.
- ***Type keywords into the search box.***
  Escriba palabras clave en la ventana de búsqueda.

Vocabulario

- ***cyberspace*** *ciberespacio*
- ***network*** *red*
- ***portal*** *portal*
- ***site*** *sitio*
- ***web page / webpage*** *página web*
- ***broadband*** *banda ancha*
- ***Wi-Fi*** *internet móvil / inalámbrico*
- ***browse, navigate, surf*** *navegar*
- ***search engine*** *motor de búsqueda*
- ***home page / homepage*** *página de inicio*
- ***username*** *nombre de usuario*
- ***password*** *contraseña*
- ***firewall*** *cortafuegos*

OUR SMS

¿SABÍAS QUE EL ÁGUILA CALVA **(BALD EAGLE)** ES UN EMBLEMA NACIONAL DE EEUU Y TAMBIÉN EL ANIMAL QUE APARECE EN SU ESCUDO?

Recuerda lo básico

*Cuando necesitas expresar acciones que están ocurriendo en el presente, en el momento de hablar o un momento cercano a él, puedes hacerlo usando el presente de **"to be"** (am/are/is) y el verbo acabado en **"ing"**: **I'm having dinner now** (Estoy cenando ahora). **She's working a lot this month** (Ella está trabajando mucho este mes). También usarás a menudo palabras como **now** (en este momento/ ahora), **right now** (en este preciso momento), **this week** (esta semana), **this month** (este mes) o **this year** (este año): **They're not talking right now** (Ellos no están hablando en este preciso momento).*

Cada oveja con su pareja

Relaciona cada expresión en inglés con su equivalente en español.

01

post	A	☐	subir
log in / on / onto	B	☐	publicar
upload	C	☐	registrarse
sign up	D	☐	cerrar una sesión
log out / off	E	☐	iniciar una sesión

Cada oveja con su pareja

Sustituye las palabras subrayadas por el pronombre correspondiente.

"Do you like <u>wild animals</u>?"

A it
B its
C them

02

Vida en ESTADOS UNIDOS

"In God We Trust" (Confiamos en Dios) es uno de los lemas nacionales de Estados Unidos y fue elegido por el Congreso en el año 1956. Apareció por primera vez en la moneda de dos centavos de 1864, pero desde 1957 esta frase puede verse en todas las monedas y billetes de uso corriente. Este lema también aparece en las banderas de Florida y Georgia.

#Ponlo en práctica

Recuerda que el verbo **"to have"** es muy usado en inglés. Ya sabemos que puede significar *"tener"* o *"haber"*. La particularidad de este verbo es que en presente, para las personas **"he"**, **"she"** e **"it"**, su forma es **"has"**, mientras que para las restantes personas es **"have"**. En oraciones negativas y en preguntas, usaremos el infinitivo (have), como ocurre con el resto de verbos.

I have a lot of work to do.
Tengo mucho trabajo que hacer.
She has a very old computer.
Ella tiene una computadora muy antigua.
We don't have blue eyes.
No tenemos los ojos azules.
Does he have a good dictionary?
¿Tiene él un buen diccionario?

#¿Qué crees?

Completar con la opción correcta:

"They don't complain about ...."

a) nothing

b) something

c) anything

#Es tu turno

Elige la opción adecuada en cada caso.

a) I ran **(into / over)** her at the office.

b) A car ran **(over / out of)** her dog.

c) Alan, we ran **(over / away / out of)** sugar.

Soluciones

#Cada oveja con su pareja: post › publicar • log in/on/onto › iniciar una sesión • upload › subir • sign up › registrarse • log out/off › cerrar una sesión; **#Ahora tú:** c; **#¿Qué crees?:** c; **#Es tu turno:** a) into, b) over, c) out of.

¿Será que lo sé?

1.- Subrayar la forma verbal correcta.

a)Sandra and Mike *(like / are liking)* tennis.

b) *(Are you having / Do you have)* any children?

c) They *(watch / are watching)* a movie tonight.

d) I *(don't get up / am not getting up)* early this week.

2.- Señalar la oración incorrecta.

a) I've traveled to India.

b) I traveled to India last year.

c) I've traveled to India last year.

03

Soluciones

1.- a) like, b) Do you have, c) are watching, d) am not getting up

2.- c

FUENTES FOTOGRÁFICAS

01 © Omendrive | Dreamstime.com
02 © Benis Arapovic | Dreamstime.com
03 © Andres Rodriguez | Dreamstime.com

01

¿Te gustaría visitar la casa de Jessica Alba?

Hoy Jessica Alba nos mostrará una casa, sus cuartos y distribución, y con ella practicaremos expresiones que sin duda usaremos cuando nos refiramos a nuestras viviendas.

Frases comunes

- ***How many and what rooms does your house have?***
  ¿Cuántas y qué habitaciones tiene tu casa?
- ***Can you describe each room in your house?***
  ¿Puedes describir cada habitación de tu casa?
- ***What does the outside of your house look like?***
  ¿Cómo es el exterior de tu casa?
- ***Where do you park your car?***
  ¿Dónde estacionas el auto?
- ***Do you like the place where you are living?***
  ¿Te gusta el lugar donde vives?
- ***How many different homes have you lived in?***
  ¿En cuántas casas diferentes has vivido?
- ***If you could change anything about your present home, what would it be?***
  Si pudieras cambiar algo de tu casa actual, ¿qué sería?
- ***What things in your house could you easily live without?***
  ¿De qué cosas de tu casa podrías prescindir fácilmente?

Mejora tu pronunciación

Un sonido que presenta cierta dificultad para los hispanos cuando hablan inglés es el de la ***"r"****. Si quieres imitar el sonido nativo, en lugar de tocar la parte delantera del paladar con la punta de la lengua, quédate a medio camino y no llegues a tocarlo. El sonido resultante se asemejará un tanto a la versión original.*

Para practicar, aquí tienes algunos ejemplos: ***rain, army, zero, very, great, sorry****.*

Vocabulario

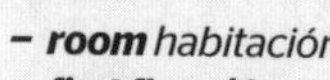

- ***room*** *habitación*
- ***first floor/downstairs*** *primer piso*
- ***second floor/upstairs*** *segundo piso*
- ***basement*** *sótano*
- ***attic*** *ático*
- ***bathroom*** *cuarto de baño*
- ***toilet*** *inodoro*
- ***bedroom*** *dormitorio*
- ***guest room*** *habitación de invitados*
- ***living room*** *salón, sala*
- ***dining room*** *comedor*
- ***kitchen*** *cocina*
- ***pantry*** *despensa*
- ***laundry/utility room*** *lavadero*
- ***entrance hall/foyer*** *vestíbulo*
- ***hallway*** *pasillo*
- ***backyard*** *jardín trasero*
- ***front yard*** *jardín delantero*
- ***floor*** *piso, suelo*
- ***wall*** *pared*
- ***ceiling*** *techo*
- ***roof*** *tejado*
- ***window*** *ventana*
- ***door*** *puerta*
- ***garage*** *garaje*
- ***balcony*** *balcón*
- ***staircase*** *escalera*

02

Te retamos

¿CONSEGUIRÁS RESPONDER A TODAS LAS PREGUNTAS?
Las siguientes preguntas tienen una dificultad creciente.
Juega con nosotros e intenta llegar hasta la última sin cometer errores.

1. Completa el espacio con la opción adecuada.
.... is your mother? She's very well, thank you.
a) Who **b)** How **c)** Where

2. Completa el espacio con la opción correcta.
"Greg is .... the bus stop."
a) at **b)** on **c)** in

3. ¿Cuál de estas opciones no puede utilizarse como respuesta a "Thank you"?
a) You're welcome
b) Don't mention it
c) Same here

4. Si la respuesta es "At six-thirty", la pregunta sería....
a) What time is it now?
b) When is the game?
c) What happens?

5. ¿Qué pedal se pisa en un auto para detenerlo?
a) clutch **b)** accelerator **c)** brake

6. Completa con la opción adecuada.
"This movie is .... than the other".
a) best **b)** good **c)** worse

7. Si digo que hay menos personas en esta habitación, ¿cómo completo la frase en inglés? "There are .... people in this room."
a) any **b)** less **c)** fewer

8. Completa la pregunta con la opción correcta:
Are they tall .... to play basketball?
a) enough **b)** than **c)** too

Soluciones

#Te retamos: 1.- b; 2.- a; 3.- c; 4.- b; 5.- c; 6.- c; 7.- c; 8.- a.

¿Será que lo sé?

1.- Elegir la opción adecuada.

a) I .... to speak English well. ***(would like / like)***

b) Paul .... playing baseball. ***(would love / loves)***

c) .... you .... reading? ***(Would...like / Do...like)***

2.- Ordenar las letras de cada palabra, para formar animales. Ordenando las letras que se encuentran en las casillas con círculos se obtiene otro animal.

SOEHR ☐☐☐◯☐
SEMUO ☐☐☐☐◯
GIP ◯☐☐
NEH ◯◯☐
RBTAIB ☐☐☐☐☐☐
◯◯◯◯◯

03

Soluciones

1.- a) would like, b) loves, c) Do...like
2.- HORSE, MOUSE, PIG, HEN, RABBIT-> SHEEP

FUENTES FOTOGRÁFICAS

01 © Featureflash | Dreamstime.com
02 © Danny Hooks | Dreamstime.com
03 © Jeff Hinds | Dreamstime.com

01

Going to Jessica Alba's house

La actriz de cine y televisión Jessica Alba (1981, Pomona, California), varias veces designada como una de las mujeres más bellas y sensuales del mundo, nos va a mostrar su casa por dentro. ¿No te gustaría conocerla? ¿Qué esperas para pasar?

02

OUR SMS 

NO PODEMOS CONFUNDIR LOS VERBOS **WIN** Y **EARN**. AMBOS SIGNIFICAN GANAR, PERO **WIN** SE USA, POR EJEMPLO, PARA UN JUEGO, Y **EARN** PARA EL SALARIO.

Frases comunes

- ***What would your dream house be like?***
¿Cómo sería la casa de tus sueños?

- ***What room do you spend the most time in?***
¿En qué habitación pasas la mayor cantidad de tiempo?

- ***Do you get along well with your neighbors?***
¿Te llevas bien con tus vecinos?

- ***Who do you live with?***
¿Con quién vives?

- ***Who lives with you?***
¿Quién vive contigo?

- ***What makes a house a home?***
¿Qué hace que una casa sea un hogar?

- ***When you were little, did you have to share a bedroom with a brother/sister?***
Cuando eras pequeño, ¿tenías que compartir el dormitorio con algún hermano?

- ***I have a lot of plants inside my house.***
Tengo muchas plantas en el interior de mi casa.

- ***I love having guests at home.***
Me encanta tener invitados en casa.

- ***I try to keep my house very organized because I don't feel comfortable when it's messy.***
Intento mantener la casa muy ordenada porque no me siento cómoda cuando esta desordenada.

Otras frases relativas al hogar son estas:

- ***Home, sweet home.***
Hogar, dulce hogar.

- ***There's no place like home.***
En ningún lugar como en casa.

03 

#Vocabulario

04
- **door handle** *pomo, picaporte*
- **doorbell** *timbre*
- **doormat** *felpudo*
- **peephole** *mirilla de la puerta*
- **lock** *cerradura*
- **mailbox** *buzón*
- **porch** *pórtico, porche*

#Ponlo en práctica

05 **a)** ¿En qué habitación se colocan la lavadora y los artículos de limpieza?

....

b) ¿Cómo se denomina el espacio que funciona como acceso a las distintas habitaciones? ....

c) ¿Cómo se dice "tejado" en inglés?

....

#Letras locas

Ordena las letras para formar palabras de objetos relacionados con la casa.

a) O I A X M L B ....

b) I T T L O E ....

c) N O L C A Y B ....

Soluciones

#¿Lo sabes?: a) laundry /utility room, b) hallway, c) roof.
#Letras Locas: a) MAILBOX, b) TOILET, c) BALCONY.

¿Será que lo sé?

1.- *¿Cuántos verbos en gerundio se pueden encontrar en la siguiente serie de letras?*

a) I don't understand this exercise. I don't understand .... *(it / its)*.

b) Paula is speaking to Martha. Paula is speaking to .... *(she /her)*.

c) Bill has a present for Peter and John. Bill has a present for .... *(their / them)*.

d) They are listening to Mark and you. They are listening to .... *(us / you)*.

2.- *Completar los espacios con la opción correcta.*

a) I've .... met the director. *(ever, yet, already)*

b) He has .... bought a new dictionary. *(just, yet, always)*

c) We haven't studied the list of verbs .... *(just, already, yet)*

Soluciones

1.- a) it, b) her, c) them, d) you
2.- a) already, b) just, c) yet

FUENTES FOTOGRÁFICAS

01 © Featureflash | Dreamstime.com
02 © Featureflash | Dreamstime.com
03 © Pearljamfan75 | Dreamstime.com
04 © Oleksandr Delyk | Dreamstime.com
05 © Maksym Bondarchuk | Dreamstime.com

8 # Story of the day

The nanny 01

Cuidar niños es una tarea que requiere mucha paciencia y trabajo. La responsabilidad de las niñeras es muy grande, ya que los padres les confían a sus hijos para que no solo los cuiden mientras ellos no están, sino para que también jueguen con ellos, estén atentas a sus necesidades y puedan resolver con seguridad cualquier situación que se presente. Es preciso, por lo tanto, que la niñera pueda comunicarse con fluidez, que entienda perfectamente las instrucciones que recibe, que logre el respeto, la confianza y el cariño tanto de los niños como de sus padres, y que pueda responder a sus requerimientos.

Frases comunes

De la niñera a los padres:

- ***Who should I call in case of emergency?***
  ¿A quién debo llamar si hay una emergencia?
- ***Do I have weekends off?***
  ¿Tengo libres los fines de semana?
- ***Are room and board included in the salary?***
  ¿El salario incluye cama y comida?
- ***What time should I pick the children up?***
  ¿A qué hora debo ir a recoger a los niños?
- ***Is she potty-trained?***
  ¿Ella va al baño sola?

De la niñera a los niños:

- ***Time to wake up!***
  ¡Hora de levantarse!
- ***Let's get dressed.***
  Vamos a vestirnos.
- ***Brush your teeth!***
  ¡Lávate los dientes!
- ***It's time for a nap!***
  ¡Es hora de la siesta!
- ***You're grounded!***
  ¡Estás castigado!
- ***Your parents will be back later.***
  Tus padres volverán más tarde.

Vocabulario 02

- ***nanny*** *niñera*
- ***babysitter*** *niñera por períodos cortos*
- ***newborn*** *recién nacido*
- ***toddler*** *niño de entre 1 y 2 años*
- ***diaper*** *pañal*
- ***bottle*** *biberón*
- ***pacifier*** *chupón*
- ***crib*** *cuna*
- ***stroller*** *carrito de bebé*

OUR SMS 

RECUERDA QUE NO ES LO MISMO A TEA CUP (UNA TAZA VACÍA PARA SEVIRSE TÉ) QUE A CUP OF TEA (UNA TAZA DE TÉ, ES DECIR, LLENA DE TÉ).

Recuerda lo básico

*Para hablar sobre posibilidades futuras, puedes usar **will**:*

This will relieve the pain.
Esto le aliviará el dolor.
You'll feel better soon.
Te sentirás bien pronto.

*En cambio, para hablar sobre intenciones futuras, usamos **be going to**:*

I'm going to buy some painkillers.
Voy a comprar algunos calmantes.
She's going to call the doctor.
Ella va a llamar al médico.

#¿Lo sabes?

Indica la opción que no es correcta para completar la frase.

You can ask a girl ....

a) her email address **b)** off **c)** out

#Cada cosa en su lugar

Identifica el lugar que le corresponde a cada uno de los siguientes verbos, conjugados según corresponda: **say, tell, talk.**

a) What are you .... about?

b) It's very hot, she ....before.

c) Andrew ....me a secret last week.

03

Vida en ESTADOS UNIDOS

Thanksgiving Day es el Día de Acción de Gracias, una de las fiestas más celebradas en el país. Tiene lugar el cuarto jueves de noviembre y las familias se reúnen y lo celebran con un banquete, dando gracias por lo que tienen.
El plato tradicional para la cena es el pavo asado u horneado, servido con una salsa de arándanos rojos y acompañado de vegetales, puré de papa y otros productos, así como de pastel de calabaza, nuez pacana o manzana.
Esta festividad se celebra desde 1621, cuando los primeros colonizadores, peregrinos, llegaron a Massachussets desde Inglaterra. Tras ser ayudados por indios nativos en cultivos y pesca, organizaron una fiesta en agradecimiento por una buena cosecha.

#Ponlo en práctica

La preposición de tiempo **"in"** se usa:

- con meses, estaciones y años:
The exam is in April.
El examen es en abril.
It's hot in summer.
Hace calor en verano.
He was born in 1975.
Él nació en 1975.

- con partes del día (excepto "night"):
in the morning
por la mañana
in the afternoon
por la tarde
in the evening
por la tarde-noche

- para expresar dentro de + período de tiempo":
They will be here in two hours.
Estarán aquí dentro de dos horas.

#Es tu turno

Relaciona las partes que forman una oración correcta.

The president will arrive	A	1	for money.
I worked many jobs	B	2	in a few minutes.
He only wanted	C	3	to get a good job.
They can keep the ring	D	4	in a box

Soluciones

#¿Lo sabes?: b; **#Cada cosa en su lugar:** a) talking, b) said, c) told.
#Es tu turno: a) 2, b) 1, c) 3, d) 4.

¿Será que lo sé?

1.- Encontrar cinco objetos que se encuentran en el dormitorio. Se dan las letras iniciales: B, B, C, P, S.

B J D F C C P X
D L D E L W I F
T Z A O B G L L
B F S N N G L I
R E N F K S O U
T T F U O E W O
T E E H S Q T K
J L D R P Y L L

2.- Elegir la respuesta más adecuada a la pregunta "Why are you tired?"

a) Because I worked since 6 a.m.

b) Because I have been working since 6 a.m.

c) Because I work since 6 a.m.

04

Soluciones

1.- BED, BLANKET, CLOSET, PILLOW, SHEET.
2.- b.

FUENTES FOTOGRÁFICAS

01 © Paul Hakimata | Dreamstime.com
02 © Pavel Losevsky | Dreamstime.com
03 © Monkey Business Images | Dreamstime.com
04 © Andrey Popov | Dreamstime.com

Story of the day

At the doctor's office

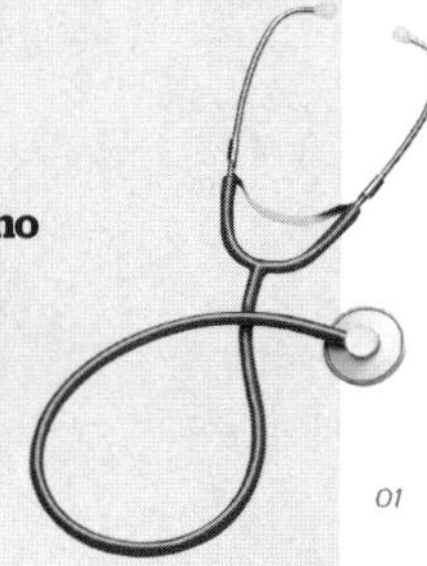

El cuidado de nuestra salud ocupa una parte importantísima de nuestra vida. Poder no solo curar, sino prevenir enfermedades, requiere de la ayuda de los médicos, quienes gracias a sus conocimientos y a su experiencia saben qué es lo mejor para nosotros cuando tenemos un problema de salud. Cuando hablemos con el médico es muy importante que podamos explicarle con la mayor claridad posible qué nos sucede, así como también entender sus explicaciones, el tratamiento que debemos seguir y los medicamentos que nos receta. A continuación encontrarás información que puede resultarte muy útil cuando debas ir al consultorio del médico o a la sala de guardia de un hospital. 01

Frases comunes

02

- ***I feel very tired and dizzy.***
  Me siento muy cansado y mareado.
- ***Take a deep breath and hold it in.***
  Respire profundamente y retenga el aire.
- ***I'll check your heart beat, blood pressure and temperature.***
  Comprobaré su pulso, presión sanguínea y temperatura.
- ***You have a fever/temperature.***
  Usted tiene fiebre.
- ***Are you allergic?***
  ¿Es usted alérgico?
- ***Please, have these tests done.***
  Por favor, hágase estos análisis.
- ***I'll write you a prescription.***
  Voy a hacerle una receta.
- ***Are you taking any medication?***
  ¿Está tomando algún medicamento?
- ***You should see a specialist.***
  Debería ver a un especialista.
- ***How often should I come for a checkup?***
  ¿Con qué frecuencia debo venir a hacerme un chequeo general?

Vocabulario

- ***physician, doctor*** *médico*
- ***health*** *salud*
- ***illness, disease*** *enfermedad*
- ***ill, sick*** *enfermo*
- ***patient*** *paciente*

OUR SMS

OJO A LA POSICIÓN DEL ADVERBIO. ES CORRECTO DECIR I SPEAK ENGLISH VERY WELL, PERO ES INCORRECTO DECIR ~~I SPEAK VERY WELL ENGLISH~~.

Cada oveja con su pareja

Relaciona cada expresión en inglés con su equivalente en español.

03

brain	A	☐	intestino
lung	B	☐	vesícula
liver	C	☐	hígado
bladder	D	☐	cerebro
bowel	E	☐	pulmón

Completa

Elige la opción correcta para completar la frase.

I usually go to a concert .... Sunday .... evenings.

A -, -

B on, in the

C -, in the

D on, -

Recuerda lo básico

Para dar instrucciones u órdenes cuando quieras que una persona haga algo determinado debes usar el infinitivo del verbo, sin más.

Sit down and shut up!
¡Siéntate y cállate!
Come in, please!
¡Pasa, por favor!
Remember to buy some milk!
¡Recuerda comprar leche!

Soluciones

#Cada oveja con su pareja:
brain > cerebro • lung > pulmón •
liver > hígado • bladder > vesícula •
bowel • intestino.
#Completa: d.
#Es tu turno: a, d.

04

Vida en ESTADOS UNIDOS

El *"Golden Gate"* es uno de los puentes más famosos del mundo y, obviamente, de EEUU. Se encuentra en California, entre la península de San Francisco y el sur de Marin. La construcción de este puente se inició el 5 de enero de 1933, durante el gobierno del presidente Franklin D. Roosevelt, y, finalmente, esta magnífica obra de ingeniería fue inaugurada el 27 de mayo de 1937.

#¡Ojo!

Cuando quieras expresar obligación, una forma de hacerlo es usando **have to**:

I have to take this medicine.
Tengo que tomar este medicamento.
They have to measure the dimensions of the room.
Tienen que medir las dimensiones de la habitación.
You have to study hard for the test.
Tienes que estudiar mucho para el examen.

#Es tu turno

Dos de los siguientes verbos tienen el mismo significado. ¿Cuáles son?

A arrive at home
B go home
C come home
D get home

#Cada cosa en su lugar

La preposición de tiempo **"on"** se usa:

- al referirnos a un día o a una fecha determinada:
I go to the gym on Wednesdays and Fridays.
Voy al gimnasio los miércoles y los viernes.
Her birthday is on May 23rd. *Su cumpleaños es el 23 de mayo.*

- si nos referimos a un día y una parte de ese día usamos **"on"**, pero no **"in the"** delante de la parte del día:
I usually go to the supermarket on Saturday afternoons.
Normalmente voy al supermercado los sábados por la tarde.

- en expresiones como **"on the weekend / on weekends"** *(el fin de semana/los fines de semana):*
I never work on weekends.
Nunca trabajo los fines de semana.

¿Será que lo sé?

1.- Señalar la oración incorrecta.

a) I sent Paul an email.

b) I sent him it.

c) I sent it to Paul.

2.- Usar "also" o "too", según corresponda.

a) He's doing his homework and he's .... listening to music.

b) She can drive cars. She can drive buses ....

c) Are you .... studying geography?

05

Soluciones

1.- b

2.- a) also, b) too, c) also.

FUENTES FOTOGRÁFICAS

01 © Dave Bredeson | Dreamstime.com
02 © Sebastiangauert | Dreamstime.com
03 © Frizzantine | Dreamstime.com
04 © Tsyu87 | Dreamstime.com
05 © Arne9001 | Dreamstime.com

01

En el taxi con Robert De Niro

¿Te sorprendería encontrar a Robert De Niro manejando el taxi cuando lo solicitas? En esta ocasión él nos va a enseñar el lenguaje que podemos usar cuando tomamos un taxi.

Frases comunes

- ***Can you hail a taxi?***
  ¿Puedes hacerle señas al taxi?
- ***Can you take me to the bus station?***
  ¿Puede llevarme a la estación de autobuses?
- ***I need to get there as fast as possible.***
  Necesito llegar allí lo más rápido posible.
- ***How much does it cost to go to the airport?***
  ¿Cuánto cuesta ir al aeropuerto?
- ***The taxi driver forgot to start the meter.***
  El taxista olvidó prender el contador.
- ***Is the rate based on distance or on time?***
  ¿La tarifa se rige por distancia o por tiempo?
- ***I think the meter is wrong.***
  Creo que el contador está equivocado.
- ***Where are you going?***
  ¿A dónde va?

Vocabulario

- ***taxi, cab*** *taxi*
- ***taxi driver*** *taxista*
- ***passenger*** *pasajero*
- ***taxi stand*** *parada de taxis (en estaciones, aeropuertos, etc.)*
- ***rate*** *tarifa*
- ***flat rate*** *tarifa fija*
- ***hail*** *hacer señas*
- ***dispatch operator*** *operador de la central*
- ***tip*** *propina*

Mejora tu pronunciación

*No olvides que cuando vayas a pronunciar una **"a"** seguida de una **"r"** en una sílaba acentuada, el sonido de la **"a"** se alarga. Tal es el caso de palabras como:*

- ***arm***
- ***car***
- ***are***

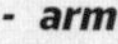

03

04

Te retamos

¿CONSEGUIRÁS RESPONDER A TODAS LAS PREGUNTAS?

Las siguientes preguntas tienen una dificultad creciente.
Juega con nosotros e intenta llegar hasta la última sin cometer errores.

1. ¿Cómo se denomina en inglés a la madre de mi primo?

....

2. ¿Cuál de las siguientes opciones completa correctamente la frase?
"Can you wash .... hands, please?"

a) the **b)** - **c)** your

3. ¿Cuál de las siguientes palabras no significa lo mismo que las otras dos?

a) cab **b)** taxi **c)** car

4. ¿Cuál es la forma de pasado del verbo "choose"?

....

5. ¿La siguiente frase es correcta o incorrecta?
"There weren't many students in the classroom."

a) Correct **b)** Incorrect

6. ¿Qué opción completa correctamente la frase
"Your computer is different .... mine"?

a) of **b)** for **c)** from

7. Cuando hablamos del verbo "nacer", en inglés hacemos uso de:

....

8. Completa con la opción correcta.
"Have you seen my glasses ....?"

a) somewhere **b)** anywhere **c)** everywhere

Soluciones

#Te retamos: 1.- my aunt; 2.- c; 3.- c; 4.- chose; 5.- a; 6.- c; 7.- to be born; 8.- b.

¿Será que lo sé?

1.- Colocar el adverbio en el espacio adecuado.

a) He is reading .... the book ....*(carefully)*

b) My cousin pronounces .... English .... *(very well)*

c) The baby .... is sleeping .... *(quietly)*

2.- Elegir la opción equivalente. La situación es que hay cuatro personas.

a) Bill, John, Sarah and James are American. ....
(Half of them / Most of them / All of them) are American.

b) Bill and John are American.
.... *(None of them / Half of them / Most of them)* are American.

c) Bill, John and Sarah are American. ....
(Most of them / One of them / All of them) are American.

Soluciones

1.- a) He is reading the book carefully.
b) My cousin pronounces English very well. c) The baby is sleeping quietly.
2.- a) All of them.
b) Half of them.
c) Most of them

FUENTES FOTOGRÁFICAS

01 © Brphoto | Dreamstime.com
02 © Brphoto | Dreamstime.com
03 © Arne9001 | Dreamstime.com

01

In a cab with Robert De Niro

El famoso actor Robert de Niro (1943, New York) nos ayudará hoy a conocer el lenguaje usado cuando necesitamos los servicios de un taxi. Déjate llevar de la mano del protagonista de películas como "*Taxi Driver*", "*The Godfather II*" o "*Raging Bull*" para aprender vocabulario y expresiones muy usadas cuando nos vamos a desplazar de esta forma por la ciudad.

¡Feliz trayecto!

02

OUR SMS

RECUERDA QUE **HARDLY** NO SIGNIFICA DURAMENTE, SINO APENAS, COMO EN **I CAN HARDLY BELIEVE IT** (APENAS PUEDO CREERLO).

Vocabulario y frases comunes

- ***pick up*** *recoger, pasar a buscar*
- ***drop off*** *dejar (quedarse en un lugar)*

A

Preguntas al operador de la central:

- ***Can I get a taxi to the airport? I am at the Metropolitan Hotel.***
¿Puede enviar un taxi para ir al aeropuerto? Estoy en el Hotel Metropolitan.

- ***Can I schedule a pick up for 5:00 a.m. tomorrow?***
¿Puedo solicitar que el taxi me pase a buscar mañana a las 5 de la mañana?

- ***I need to be picked up at 7:00 p.m.***
Necesito que me pasen a buscar a las 7 de la tarde.

- ***Is there a flat rate to the airport from here?***
¿Hay una tarifa fija de aquí al aeropuerto?

B

Preguntas que te puede hacer el taxista:

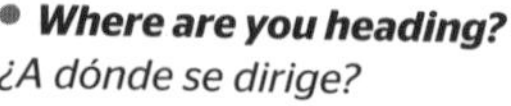

- ***Where are you heading?***
¿A dónde se dirige?

- ***Do you need a receipt?***
¿Necesita un recibo?

03

C

Preguntas o comentarios que le puedes hacer al taxista:

- ***Would you mind making a quick stop?***
¿Le importaría hacer una parada rápida?

- ***Stop here, please / Pull over, please.***
Deténgase, por favor.

- ***Slow down, please.***
Reduzca la velocidad, por favor.

- ***Can you drop me off at the corner?***
¿Puede dejarme en la esquina?

- ***How much do I owe you?***
¿Cuánto le debo?

- ***Do you have change?***
¿Tiene cambio?

D

Al salir del taxi:

- ***Keep the change.***
Quédese con el cambio.

- ***Thanks for the ride.***
Gracias por el viaje.

- ***Enjoy the rest of your day.***
Disfrute el resto del día.

04

#Veamos

¿Cuál de las siguientes expresiones no denota frustración o enojo?

a) Cut it out! **b)** Go for it! **c)** Give me a break!

#También aprenderás riendo

05 *Veamos un chiste sobre taxis.*

Two cab drivers meet.
"Hey, why did you paint one side of your cab red and the other side blue?", asked one.

"Well", the other responded, "when I get into an accident, you should see how all the witnesses contradict each other."

¿Será que lo sé?

1.- Completar los espacios con el adjetivo o pronombre posesivo adecuado.

a) This is Michael's computer. It's .... ***(his / hers)***

b) We are living in .... new apartment. ***(our / ours)***

c) There is a notebook on the desk. It is ....? ***(your/ yours)***

2.- Completar los espacios con la opción correcta.

a) I would .... English better. ***(speak / spoke / spoken)***

b) She'd .... a song. ***(sing / sang / singing)***

c) We've .... the exercise. ***(do /did / done)***

 06

Soluciones

#Veamos: b.
#¿Será que lo sé:
1.- a) his, b) our, c) yours
2.- a) speak, b) sing, c) done

FUENTES FOTOGRÁFICAS

01 © Leungphotography | Dreamstime.com
02 © Carrienelson1 | Dreamstime.com
03 © Diego Vito Cervo | Dreamstime.com
04 © Arne9001 | Dreamstime.com
05 © Ildipapp | Dreamstime.com
06 © Arne9001 | Dreamstime.com

01

Story of the day
Directions

Cuando nos mudamos a un nuevo vecindario, a otra ciudad, o viajamos de vacaciones, seguramente necesitaremos ayuda para llegar al lugar al que nos dirigimos. Es importante que sepamos entender los carteles indicadores y las señales de tránsito. También puede suceder que alguien necesite nuestra ayuda y debamos indicarle dónde se encuentra, por ejemplo, un hotel, o qué autopista debe tomar para llegar a otra ciudad. Las palabras y frases que leerás a continuación te resultarán muy útiles para esos casos.

Frases comunes

- ***How can I get to the museum?***
¿Cómo puedo llegar al museo?
- ***You can take the subway.***
Puedes tomar el metro.
- ***Is there a bookstore near here?***
¿Hay una librería cerca de aquí?
- ***Which way is it?***
¿Qué camino es?
- ***Is it far from here?***
¿Está lejos de aquí?
- ***It's just a ten-minute walk.***
Está solo a diez minutos a pie.
- ***It's at the end of the street.***
Está al final de la calle.
- ***Walk to the corner.***
Camina hasta la esquina.
- ***Turn left/right.***
Dobla a la izquierda/derecha.
- ***Cross the street.***
Cruza la calle.
- ***Go straight ahead.***
Sigue derecho.
- ***Take the first right.***
Toma la primera calle a la derecha.
- ***Walk past the bank.***
Pasa el banco (por delante del banco).
- ***You'll see it in front of you.***
Lo verás delante de ti.
- ***You can't miss it.***
No tiene pérdida.

Vocabulario

 02

- ***block*** *cuadra*
- ***corner*** *esquina*
- ***traffic circle*** *rotonda*
- ***intersection*** *cruce*
- ***landmark*** *punto de referencia*
- ***sign*** *señal*
- ***north*** *norte*
- ***south*** *sur*
- ***east*** *este*
- ***west*** *oeste*

OUR SMS 

LOS PRONOMBRES INDEFINIDOS FORMADOS CON BODY Y ONE SON SINÓNIMOS. ASÍ, ES LO MISMO DECIR SOMEBODY QUE SOMEONE, O EVERYBODY QUE EVERYONE.

Recuerda lo básico

Para dar instrucciones u órdenes cuando queremos que una persona no haga algo determinado, se ha de usar ***don't*** *o* ***do not****. Estas órdenes van dirigidas a las personas "tú", "usted" o "ustedes".*

Don't run! *No corras.*
Do not move. *No te muevas.*
Don't panic. *No se desespere(n).*
Don't drive drunk. *No conduzcas en estado de ebriedad.*

Cada oveja con su pareja

Relaciona cada expresión en inglés con su equivalente en español.

hang a left	A	☐	atraviese el cruce
turn right	B	☐	siga derecho
go down the street	C	☐	doble a la izquierda
go down the intersection	D	☐	doble a la derecha
go straight ahead	E	☐	baje la calle

Soluciones

#Cada oveja con su pareja: hang a left > doble a la izquierda • turn right > doble a la derecha • go down the street > baje la calle • go through the intersection > atraviese el cruce • go straight ahead > siga derecho.
#¿Lo sabes?: b.
#Es tu turno: b.

03

Vida en ESTADOS UNIDOS

Así como en muchos países latinoamericanos se acostumbra a celebrar "los 15", es decir, el decimoquinto cumpleaños de las muchachas como su ritual tradicional de presentación en sociedad, en Estados Unidos esta celebración tiene lugar al cumplir los 16 años y se conoce como "Sweet 16".

#¿Lo sabes?

Indica la opción que no es correcta para completar la frase.
You can look ....

a) great.
b) TV.
c) at a flower.

#Es tu turno

¿Cuál de las siguientes opciones responde a la siguiente pregunta?
"Did you have a pet when you were younger?"

a) Yes, I had.
b) Yes, I did.
c) No, I hadn't.

#Ponlo en práctica

Cuando ofrecemos ayuda solemos usar **"can"**:

What can I get you?
¿Qué le traigo? / ¿Qué puedo traerle?
How can I help you?
¿Cómo le puedo ayudar?
¿En qué le puedo ayudar?
Can I take your coat?
¿Me permite su abrigo?

En estos casos también podríamos usar **"may"** si nuestra expresión necesita ser más formal.

04

#¡Ojo!

Cuando queremos expresar que alguien o algo recibe una acción que realiza otra persona hacemos uso de los pronombres objeto, que son los siguientes:

me *(me, a mí)*
you *(te, a ti / le, a usted)*
him *(le, lo, se, a él)*
her *(le, la, se, a ella)*
it *(le, lo, se, a ello)*
us *(nos, a nosotros/as)*
you *(les, los, las, se, a ustedes)*
them *(les, los, las, se, a ellos/as)*

Estos pronombres se colocan tras un verbo o una preposición.

She is helping me.
Ella me está ayudando.
They are showing him a book.
Ellos le están mostrando un libro (a él).
This present is for us.
Ese regalo es para nosotros.
She is looking at me.
Ella me está mirando.

¿Será que lo sé?

1.- Completar el crucigrama con los términos en inglés equivalentes a los que aparecen en español.

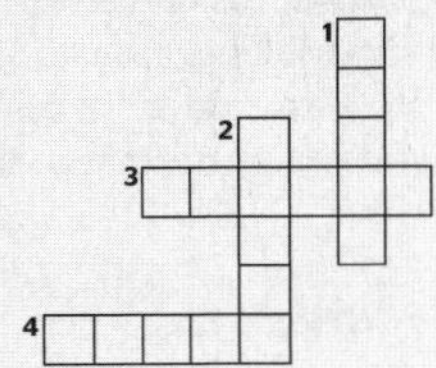

Across	***Down***
3. Nublado	**1.** Ventoso
4. Soleado	**2.** Con niebla

2.- Ordenar las letras de cada palabra relativa a la música. Ordenando las letras que se encuentran en las casillas con círculos, se obtiene otra palabra también relacionada con la música.

TEPTUMR
NAOIP
CUMSAINI
MURSD
GIATUR

Soluciones

1.- 1. WINDY, 2. FOGGY, 3. CLOUDY, 4. SUNNY
2.- TRUMPET, PIANO, MUSICIAN, DRUMS, GUITAR -> SINGER

Story of the day

In the garden

 01

La jardinería es una actividad que puede practicarse como pasatiempo o como un servicio ofrecido por personas que se especializan en el cuidado de parques y jardines. Un jardinero debe saber, entre otras cosas, cuándo se deben plantar las semillas, qué necesidades tienen las diferentes plantas y flores, con qué frecuencia se deben regar, cuándo se debe podar, qué herramientas se necesitan y cómo combatir insectos y plagas. Este debe comunicarse con un vocabulario específico y entender las necesidades de quien contrata sus servicios.
A continuación te mostramos palabras y expresiones que se usan en el campo de la jardinería.

Frases comunes

- ***Plants must be watered regularly.***
  Las plantas han de regarse con regularidad.
- ***Use the sprinkler at dawn or dusk.***
  Usa el riego automático al amanecer o al atardecer.
- ***I'll fertilize the soil next month.***
  Abonaré la tierra el mes próximo.
- ***These plants need direct sunlight.***
  Estas plantas necesitan luz natural directa.
- ***I spend the whole day pushing the wheelbarrow.***
  Paso todo el día empujando la carretilla.
- ***Grass is already sprouting everywhere.***
  El césped ya está brotando por todos lados.
- ***Yesterday we had to spray with insecticide.***
  Ayer tuvimos que rociar con insecticida.
- ***Are you plowing the soil?***
  ¿Estás labrando la tierra?
- ***Richard has "a green thumb".***
  Richard tiene destreza para la jardinería.

Vocabulario

 02

- ***shovel*** *pala*
- ***wheelbarrow*** *carretilla*
- ***rake*** *rastrillo*
- ***hoe*** *azadón*
- ***pitchfork*** *horquilla*
- ***watering can*** *regadera*
- ***hose*** *manguera*
- ***sprinkler*** *regador automático*
- ***lawn mower*** *cortacésped*
- ***shears*** *tijeras de podar*
- ***trimmer*** *bordeadora*

OUR SMS INGLÉS EN 100 DÍAS ¿SABÍAS QUE **WILL**, AL IGUAL QUE **CAN**, PUEDE USARSE PARA REALIZAR PETICIONES DE UNA MANERA INFORMAL? OBSERVA: **WILL (CAN) YOU DO ME A FAVOR?**

Recuerda lo básico

Fíjate en estas formas de decir "¿cómo estás?", "¿qué tal?" o "¿qué tal va todo?":

How're you doing? / How are you? / How are things? / How's it going? / What's up?

Cualquiera de ellas se puede responder de la misma manera, por ejemplo, diciendo "muy bien, gracias", o "bien, gracias, ¿y tú?":

I'm fine, and you?
I'm very well, thank you.
I'm okay, thanks.

Cada oveja con su pareja

Relaciona cada expresión en inglés con su equivalente en español. 03

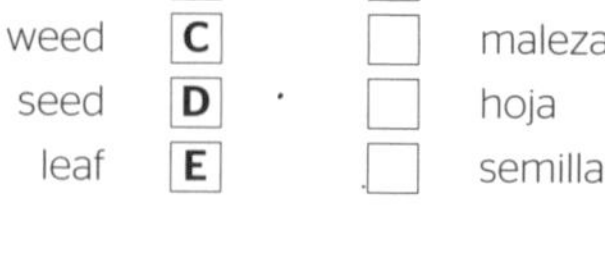

root	A	☐	arbusto
bush	B	☐	raíz
weed	C	☐	maleza
seed	D	☐	hoja
leaf	E	☐	semilla

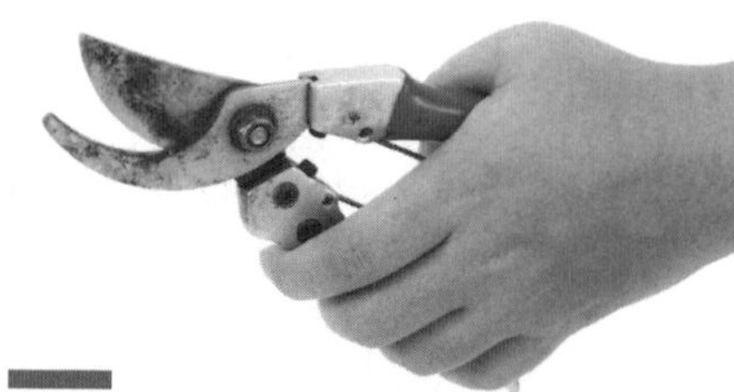

#¿Lo sabes?

Indica la opción que no es correcta para completar la frase.
You can cut down ....

a) your finger.
b) on spending.
c) on ice-cream.

Soluciones

#Cada oveja con su pareja: root › raíz • bush › arbusto • weed › maleza • seed › semilla • leaf › hoja.
#¿Lo sabes?: a.

06

Vida en ESTADOS UNIDOS

Nueva York es la ciudad más poblada de Estados Unidos y la segunda del continente americano. Sus cinco distritos metropolitanos *(boroughs)* se han hecho famosos por muchas obras de literatura, cine y televisión. Estos distritos son: el Bronx, Brooklyn, Manhattan, Queens y Staten Island. Se trata de una ciudad muy cosmopolita, donde casi el 40% de su población es inmigrante y se hablan unos 170 idiomas.

#Ponlo en práctica

La preposición de tiempo **"at"** se usa:

- al hablar de horas:

I start work at 8 o'clock.
Empiezo a trabajar a las 8 en punto.

They have lunch at noon.
Ellos almuerzan al mediodía.

- con ciertos períodos de tiempo, como **"at Christmas"** *(en Navidad)* o **"at Easter"** *(en Semana Santa)*:

I usually visit my family at Christmas.
Normalmente visito a mi familia en Navidad.

#¡Ojo!

Para expresar lo que se quiere hacer, en muchas ocasiones se puede usar **"would like"**, o su forma contraída **"'d like"**. También puedes utilizar **"would like"** en preguntas. En todos estos casos, en español podríamos usar *"gustaría"*, o bien el verbo *"querer"*.
I'd like a whisky on the rocks. *Quiero un whisky con hielo.*
I'd like to have a new house. *Me gustaría tener una casa nueva.*

Esta fórmula es muy usada cuando tratamos comidas o bebidas.
What would you like to drink? *¿Qué desea beber?*
Would you like some soup? *¿Quieres sopa?*

¿Será que lo sé?

1.- Ordenar las letras de cada palabra, que son meses del año. Ordenando las letras que se encuentran en las casillas con círculos se obtiene otro mes.

NAURYAJ ○□□□□□□

LIPRA □□□□○

AYM □□○

TUUGSA □○□□□□

○○○○

2.- Corregir las oraciones que lo precisen.

a) His mother never lets him to smoke.

....

....

b) Do you want me to study harder?

....

....

c) They told Susan to stop to work.

....

....

Soluciones

1.- 1. JANUARY, APRIL, MAY, AUGUST -> JULY.
2.- a) His mother never lets him smoke. b) - . c) They told Susan to stop working.

FUENTES FOTOGRÁFICAS

01 © Nerss | Dreamstime.com
02 © Konstantin Sutyagin | Dreamstime.com
03 © Cjansuebsri | Dreamstime.com
04 © Achilles | Dreamstime.com

01

Un encuentro con Lupita Nyong'o

Vamos a ver cómo Lupita Nyong'o nos ayuda a entender el vocabulario más tierno y seductor para que nuestros próximos encuentros con alguien sean mucho más agradables.

Presta atención a la siguiente información.

Frases comunes

- ***Paul asked me out, but I turned him down.***
Paul me pidió salir, pero lo rechacé.

- ***I have met lots of people online.***
He conocido a mucha gente en la red.

- ***Sam is always trying to pick someone up at the nightclub.***
Sam siempre está intentando conquistar a alguien en la discoteca.

- ***Have you ever had a one-night stand?***
¿Has tenido alguna vez una aventura de una noche?

- ***I stood her up because I don't think we have enough in common.***
No me presenté a la cita con ella porque creo que no tenemos suficientes cosas en común.

Vocabulario

- ***boyfriend*** *novio (antes de estar prometidos)*
- ***girlfriend*** *novia (antes de estar prometidos)*
- ***engaged*** *prometido*
- ***fiancé*** *novio (después de estar prometidos)*
- ***fiancée*** *novia (después de estar prometidos)*
- ***groom*** *novio (el día de la boda)*
- ***bride*** *novia (el día de la boda)*
- ***lover*** *amante*
- ***a one-night stand*** *una aventura de una noche*
- ***an affair*** *una aventura (de más de un encuentro)*

02

Mejora tu pronunciación

*Recuerda que en inglés el sonido de la **"j"**, **"ge"** y **"gi"**, en la mayoría de los casos, suena como una **"ll"** fuerte; algo parecido a como la pronuncian los argentinos, pero más corta.*
Aquí tienes algunos ejemplos para que practiques:
July, job, enjoy, dangerous, religious, suggest.

03

04

Te retamos

¿CONSEGUIRÁS RESPONDER A TODAS LAS PREGUNTAS?
Las siguientes preguntas tienen una dificultad creciente.
Juega con nosotros e intenta llegar hasta la última sin cometer errores.

1. Completa el espacio con la opción adecuada (do they? / like they? / aren't they?).
They don't like fish, ...?

2. Completa el espacio con la opción correcta.
"What are .... people doing there?"
a) this **b)** that **c)** those

3. ¿Qué hora es la que se muestra? It's 4:40.
a) It's forty to five **b)** It's twenty to five **c)** It's twenty after four

4. Si la respuesta es "She only has a daughter", la pregunta sería...
a) Does she have a daughter?
b) Does she have more children?
c) How many children does she have?

5. Responde: My wife's mother is my ....

6. Si digo que tengo menos dinero que ayer, cómo completo la frase en inglés?
"I have .... money than yesterday."
a) fewer **b)** little **c)** less

7. Completa con la opción adecuada.
"She is the .... person in the world".
a) happier **b)** happiest **c)** more happy

8. Completa la frase de manera correcta: "Jim isn't tall, ...short."
a) although **b)** but **c)** however

Soluciones

#Te retamos: 1.- do they?; 2.- c; 3.- b; 4.- c; 5.- mother-in-law; 6.- c; 7.- b; 8.- b.

¿Será que lo sé?

1.- Completar los espacios con "was", "wasn't", "were" o "weren't".

a) .... she in the kitchen?
No, she ....

b) Where .... the children?
They .... at school.

c) .... you at home?
Yes, I ....

2.- Elegir la opción correcta.

a) It was cold, ...
I closed the window.
(so / because)

b) She doesn't like him
.... he isn't honest.
(so / because)

c) I took a taxi ....
it was raining. ***(so / because)***

d) Carl couldn't sleep last night,
.... he's very tired
today. ***(so / because)***

05

Soluciones

1.- a) Was, wasn't, b) were, were,
c) Were, was
2.- a) so, b) because, c) because, d) so

FUENTES FOTOGRÁFICAS

01 © Jaguarps | Dreamstime.com
02 © Rido | Dreamstime.com
03 © Adamgregor | Dreamstime.com
04 © Olgapshenichnaya | Dreamstime.com
05 © Monkey Business Images | Dreamstime.com

01

Enjoy your meeting with Lupita Nyong'o

Hoy contamos con la presencia de la actriz Lupita Nyong'o (1983, México), conocida a nivel internacional gracias a la película *"12 years a slave"*. Reconocida por la crítica y ganadora, entre otros muchos premios, de un Oscar, en esta ocasión nos adentrará en el lenguaje romántico que tiene lugar cuando tenemos un encuentro con aquella persona que deseamos. ¿Te dejas seducir por Lupita Nyong'o?

Vocabulario

02

- ***hugs*** *abrazos*
- ***kisses*** *besos*
- ***love at first sight***
  amor a primera vista, flechazo
- ***casual relationship***
  relación informal
- ***butterflies in your stomach***
  mariposas en la barriga
- ***a pounding heart***
  un corazón palpitante
- ***flirt*** *coquetear*

OUR SMS

¿SABÍAS QUE **ACTUALLY** NO SIGNIFICA ACTUALMENTE SINO **EN REALIDAD O DE HECHO?**
OBSERVA: **I LIKE MUSIC. ACTUALLY, I AM A SINGER.**

Soluciones

#¿Lo sabes?: a; **#Relaciona:** a) 2, b) 1, c) 3.

03

#Frases comunes

- ***Don't you know that Claire is going out with Mark?***
  ¿No sabes que Claire está saliendo con Mark?

- ***Are they going steady?***
  ¿Van en serio?

- ***Yes, they have a serious relationship.***
  Sí, tienen una relación muy estable.

- ***Tom has proposed to Liz.***
  Tom se ha declarado a Liz.

- ***If they don't break up, they'll soon live together.***
  Si no rompen la relación, pronto vivirán juntos.

- ***I'm going through a dry spell.***
  Llevo un tiempo sin conocer a nadie especial.

- ***When I was young, I had a crush on a classmate called Linda.***
  Cuando era joven, me volvía loco (me atraía mucho) una compañera de clase llamada Linda.

#¿Lo sabes?

¿Cómo se llama el tipo de cita en el que cada uno se paga lo suyo? (Anteriormente esta expresión significaba todo lo contrario).

a) Going Dutch **b)** Going Belgian **c)** Going English

#Relaciona

Une con flechas las dos partes que conforman la frase.

Did you know that there	A	1	Eros was the god of love and sexual desire?
Did you know that	B	2	are love games online?
Did you know I	C	3	was in love?

04

¿Será que lo sé?

1.- Completar los espacios con la forma correcta de "to be born".

a) William is American.
He .... in the USA.

b) I .... in this hospital.

c) Where .... they ....?
They ....in Brazil.

2.- Completar los espacios con el adverbio correspondiente.

a) My car broke .... last week. *(in / down / out)*

b) Can you shut ...., please? *(up / back / down)*

c) He ran .... and nobody saw him. *(up / away / back)*

d) When the teacher came into the classroom the students stood .... *(down / up / over)*

Soluciones

1.- a) was born, b) was born, c) were...born, were born
2.- a) down, b) up, c) away, d) up

FUENTES FOTOGRÁFICAS

01 © Jaguarps | Dreamstime.com
02 © Dwong19 | Dreamstime.com
03 © Antonio Guillem | Dreamstime.com
04 © Kk8737 | Dreamstime.com
05 © Kirill Ryzhov | Dreamstime.com

10 # Story of the day 01
Opening a bank account

Hoy en día los bancos ofrecen mucha variedad de servicios en sus sucursales, por teléfono o por internet. Por ejemplo, cuando quieras abrir una cuenta, solicitar un préstamo o transferir dinero, podrás acercarte hasta el banco que elijas y consultar cuáles son los diferentes tipos de cuentas que ofrecen, qué requisitos debes cumplir para solicitar un préstamo o de qué manera puedes hacer transferencias de dinero. También puedes obtener tarjetas de crédito y de débito para operar en establecimientos y cajeros automáticos. Además, puedes pagar tus facturas por internet usando el servicio de banca electrónica. Sigue leyendo y encontrarás ejemplos simples y claros del lenguaje que puedes usar para operar con un banco, especialmente cuando te decides a abrir una cuenta.

Frases comunes

- ***What do I need to apply for an account?***
  ¿Qué necesito para solicitar una cuenta?
- ***Can I apply for it online or by phone?***
  ¿Puedo solicitarla en línea o por teléfono?
- ***What type of accounts do you offer?***
  ¿Qué tipos de cuentas ofrecen?
- ***You will receive a monthly statement with all your expenses.***
  Usted recibirá un extracto mensual con todos sus gastos.
- ***How much can I withdraw per month?***
  ¿Cuánto dinero puedo retirar al mes?
- ***You can withdraw and deposit money at any ATM.***
  Puede retirar e ingresar dinero en cualquier cajero automático.
- ***Do you already use our telephone banking services?***
  ¿Usa ya nuestros servicios bancarios telefónicos?
- ***What are the maintenance fees?***
  ¿Cuáles son los costos por mantenimiento?
- ***What's the required initial deposit?***
  ¿Cuál es el depósito inicial requerido?

Vocabulario

02

- ***bank account*** *cuenta bancaria*
- ***checking account*** *cuenta corriente*
- ***savings account*** *cuenta de ahorro*
- ***joint account*** *cuenta conjunta*
- ***account holder*** *titular de la cuenta*
- ***statement*** *extracto bancario*
- ***balance*** *saldo*
- ***fees*** *honorarios, costos*
- ***check*** *cheque*
- ***checkbook*** *talonario de cheques, chequera*
- ***ATM*** *cajero automático*

OUR SMS 

EN INGLÉS HAY PREGUNTAS FORMADAS SOLO POR UN PRONOMBRE INTERROGATIVO Y UNA PREPOSICIÓN. EJ.: WHAT FOR? (¿PARA QUÉ?) O WHO WITH? (¿CON QUIÉN?)

Recuerda lo básico

*Recuerda que una de las maneras de mostrar que un objeto está cerca o lejos del hablante y del oyente es usando los adjetivos demostrativos, es decir **"this"**, **"that"**, **"these"** y **"those"**.*

*- **"This"** se usa para indicar que algo está cerca del hablante, y equivale a "este", "esta" y "esto":*

***This is your user ID.** Este es su nombre de usuario (identificación como usuario). / **I read this article in the morning.** Leí este artículo por la mañana.*

*- **"That"** indica una distancia media o larga entre el hablante y el objeto al que se refiere, por tanto equivale a "ese", "esa" y "eso", así como a "aquel", "aquella" y "aquello".*

***That's his web page.** Esa es su página web. / **Is that your umbrella?** ¿Es aquel tu paraguas?*

*- **"These"** es la forma plural de "**this**", por tanto equivale a "estos" y "estas". Al hablar se distinguen porque "**these**" se pronuncia con una "**i**" más larga que "**this**".*

***These are my kids.** Estos son mis hijos.*

*- **"Those"** es la forma plural de "**that**" y se traduce por "esos", "esas", "aquellos" y "aquellas".*

***Are those your books?** ¿Esos (Aquellos) son tus libros?*

Cada oveja con su pareja

Relaciona cada expresión en inglés con su equivalente en español.

statement	A	☐	extracto
balance	B	☐	titular
joint	C	☐	conjunta
account holder	D	☐	saldo
fee	E	☐	cargo, costo

Soluciones

#Cada oveja con su pareja:
statement > extracto • balance > saldo • joint > conjunta • account holder > titular • fee > cargo, costo.
#¿Lo sabes?: b.

03 

Vida en ESTADOS UNIDOS

Para conquistar a la persona que te gusta debes tener en cuenta que los hábitos de los estadounidenses pueden ser distintos a los tuyos. Para empezar, se debe elegir el momento oportuno para entablar el primer contacto.
Los estadounidenses son un poco desconfiados y no podemos abordarlos sin presentación alguna. Si lo que te interesa es conocer gente, apuntarte a grupos locales de actividades (deportes, música, etc.) te puede resultar de gran ayuda.

#¿Lo sabes?

04 Indica la opción que no es correcta para completar la frase.
You can ask ....

a) a question
b) a raise
c) the time

#¡Ojo!

Para formar comparativos de superioridad con adjetivos o adverbios cortos debes agregar **-er** o **-er +than:**

old *(viejo)*: **older** *(más viejo)* / **older than** *(más viejo que).*

This car is older.
Este auto es más antiguo.
This car is older than yours.
Este auto es más antiguo que el tuyo.

Si el adjetivo o adverbio es largo, debes usar **more** *(más)* o **more +than** *(que)*:

expensive *(caro)*: **more expensive** *(más caro)* / **more expensive than** *(más caro que)*.

This model is more expensive than that one.
Este modelo es más caro que aquel.
I think that book is more interesting.
Creo que ese libro es más interesante.

¿Será que lo sé?

1.- *Elegir la opción correcta.*

a) .... a computer in the classroom? ***(Are there / Was there / There wasn't)***

b) .... any apples in the fridge. ***(There isn't / There were / There aren't)***

c) .... a lot of people at the bar. ***(Were there / There is / There were)***

2.- *Corregir las oraciones que lo precisen.*

a) When I get home I usually take on my clothes.

....

....

b) Can you turn on it?

....

....

c) I didn't need that plastic bag, so I threw it away.

....

....

d) She was looking a word up in a dictionary.

....

....

Soluciones

1.- a) Was there, b) There aren't, c) There were
2.- a) When I get home I usually take off my clothes, b) Can you turn it on?, c) - , d) - .

FUENTES FOTOGRÁFICAS

01 © 3desc | Dreamstime.com
02 © Iqoncept | Dreamstime.com
03 © Belahoche | Dreamstime.com
04 © Dreammasterphotographer | Dreamstime.com

01

Story of the day

The handyman

Si necesitas remodelar la cocina o el baño, pintar la casa, realizar trabajos de carpintería, electricidad, colocar el piso o reparar un techo, deberás contratar a un especialista en este tipo de trabajos que esté autorizado para ello y, obviamente, tenga conocimientos y experiencia suficientes para hacerlos. En Estados Unidos generalmente se contrata a una empresa que provee la(s) persona(s) adecuada(s) para el trabajo solicitado. Ya sea que trabajes en una de estas empresas o por tu cuenta, aprende las palabras y frases más usadas para realizar estos trabajos.

Frases comunes

- ***I need to get something out of my truck.***
  Necesito traer algo de mi camión.
- ***I can fix the leak with caulk.***
  Puedo arreglar el escape con masilla selladora.
- ***Do you have experience doing this?***
  ¿Tiene experiencia haciendo esto?
- ***How much will the labor cost? Can you give me an estimate?***
  ¿Cuánto costará la mano de obra? ¿Puede darme un presupuesto?
- ***Can you write an invoice for your services?***
  ¿Puede hacer una factura por sus servicios?
- ***I'll leave my business card with you. Please, recommend me to your friends.***
  Le dejaré mi tarjeta. Por favor, recomiéndeme a sus amigos.
- ***This can't be fixed.***
  Esto no tiene arreglo.
- ***I think there is a gas leak.***
  Creo que hay un escape de gas.
- ***Let me call my boss.***
  Déjeme llamar a mi jefe.
- ***What's the problem? What do you need fixed / repaired?***
  ¿Cuál es el problema? ¿Qué necesita reparar?

Vocabulario

 02

- ***handyman*** especialista en reparaciones
- ***toolbox*** caja de herramientas
- ***hammer*** martillo
- ***nail*** clavo
- ***screw*** tornillo
- ***screwdriver*** destornillador
- ***saw*** sierra, serrucho
- ***measuring tape*** cinta medidora
- ***glue*** pegamento, adhesivo
- ***drill*** taladro
- ***caulk*** masilla selladora
- ***grout*** mezcla para juntas
- ***ladder*** escalera
- ***stepping stool*** escalerita

OUR SMS 

¿SABÍAS QUE PARA HACER UNA PROPOSICIÓN PODEMOS USAR **HOW ABOUT?** OBSERVA: **HOW ABOUT GOING TO THE MOVIES?** (¿QUÉ TAL SI VAMOS AL CINE?)

Recuerda lo básico

*Debes usar **please** (por favor) cuando pides algo, **excuse me** (disculpe) cuando quieres llamar la atención de alguien, y **I'm sorry** (lo siento) cuando te disculpas. Son fórmulas de cortesía que conviene no olvidar cuando hablamos en inglés.*

I need a receipt, please. *Necesito un recibo, por favor. / **Excuse me, is this the way to the airport?** Disculpe, ¿es este el camino hacia el aeropuerto? / **I'm sorry, I don't know.** Lo siento, no lo sé.*

Cada oveja con su pareja

Relaciona cada expresión en inglés con su equivalente en español.

labor	A	☐	escalera
invoice	B	☐	cargo
estimate	C	☐	factura
charge	D	☐	presupuesto
ladder	E	☐	mano de obra

#¿Lo sabes?

Indica la opción que no es correcta para completar la frase.
You can cut ....

a) your hair **b)** a piece of paper **c)** the phone

03

04

Vida en ESTADOS UNIDOS

El *"Black Friday"* o "Viernes Negro" es el día que inaugura la temporada de compras navideñas. Tiene lugar al día siguiente del Día de Acción de Gracias. Además de tener ofertas especiales, las tiendas abren muy temprano (incluso de madrugada) o permanecen abiertas durante 24 horas. Ese día se aplican descuentos importantes en muchos productos, lo que provoca la asistencia masiva a muchos comercios.

#¡Ojo!

Cuando propones o sugieres alguna actividad, puedes usar estas frases:

- Let's ...:
Let's go to the movies. *Vayamos al cine.*

- Why don't we ...?
Why don't we go to the theater?
¿Por qué no vamos al teatro?

- How about + verbo (ing)...?
How about watching this comedy?
¿Qué tal si miramos esta comedia?

Si les gustó la idea, podrán contestarte:
I'd love to! *¡Me encantaría!*
Sounds great! *¡Me parece fantástico!*

#Cada cosa en su lugar

Identifica el lugar que le corresponde a cada uno de los siguientes verbos y úsalos en pasado:
become, **answer**, **make**, **do**.

a) She .... the question when they asked her.

b) My grandmother .... lots of cakes.

c) They .... their homework and went out to the park.

d) She finally .... a nurse.

#Es tu turno

¿**"Borrow"** o **"lend"**?

a) Could you .... me some money, please?

b) They can .... a book from the library.

c) Should I .... him my umbrella?

d) You can .... my bike, but be careful.

Soluciones

#Cada oveja con su pareja: labor > mano de obra • invoice > factura • estimate > presupuesto • charge > cargo • ladder > escalera; **#¿Lo sabes?:** c;
#Cada cosa en su lugar: a) answered, b) made, c) did, d) became;
#Es tu turno: a) lend, b) borrow, c) lend, d) borrow.

¿Será que lo sé?

1.- Completar los espacios con las palabras siguientes: what, why, and, because, how, rarely.

a) .... often do you go cycling? I .... go cycling.

b) .... are you studying? I'm studying English .... history.

c) .... are you studying? .... I have an exam tomorrow.

2.- Completar las oraciones con la opción correcta.

a) There is no more wine. We run .... of it yesterday. *(out / down / on)*

b) Are you waiting .... her? *(after /over / for)*

c) How do you get .... with your parents-in-law? *(out / down / on)*

d) What are you looking ....? *(over /about / for)*

05

Soluciones

1.- a) How, rarely, b) What, and, c) Why, Because
2.- a) out, b) for, c) on, d) for

FUENTES FOTOGRÁFICAS

01 © Dmitry Kalinovsky | Dreamstime.com
02 © Jakub Krechowicz | Dreamstime.com
03 © Alexmillos | Dreamstime.com
04 © Valentin Armianu | Dreamstime.com
05 © Kurhan | Dreamstime.com

01

Hoy estás invitado a conocer la sala de Paris Hilton

En esta ocasión Paris Hilton nos enseñará el lenguaje relacionado con los objetos de la sala de su casa.

¿Aceptas la invitación?

Frases comunes

- ***Come in and have a seat.***
  Pasa y siéntate.

- ***In some homes, the living room is a formal room containing the best furniture and is used to entertain guests.***
  En algunos hogares, la sala es una habitación formal con los mejores muebles y es usada para entretener a los invitados.

- ***Can you help me hang the drapes for the living room window?***
  ¿Me puedes ayudar a colgar las cortinas de la ventana de la sala?

- ***My sister is relaxing in a rocking chair.***
  Mi hermana está relajándose en una mecedora.

- ***I don't like glass coffee tables because they show everybody's fingerprints.***
  No me gustan las mesas de centro de cristal porque se marcan las huellas de todos.

- ***This is a fantastic stereo with two large speakers.***
  Este es un equipo estéreo fantástico con dos grandes altavoces.

Vocabulario

- ***armchair*** *sillón*
- ***bookcase*** *biblioteca*
- ***carpet*** *alfombra*
- ***chandelier*** *lámpara de araña*
- ***clock*** *reloj de pared*
- ***coffee table*** *mesita central*
- ***couch*** *sofá*
- ***curtain, drapes*** *cortina(s)*
- ***cushion*** *cojín*
- ***fireplace*** *chimenea*
- ***furniture*** *muebles*
- ***lamp*** *lámpara*
- ***picture*** *cuadro*
- ***radiator*** *radiador*
- ***rocking chair*** *mecedora*
- ***sideboard*** *aparador*
- ***stereo*** *equipo de música*
- ***speaker*** *altavoz*
- ***television*** *televisor*
- ***vase*** *jarrón*

02

Mejora tu pronunciación

*El sonido que forman las letras **"sh"** no existe en español, pero puede lograrse pronunciando **"shhhh"**, como cuando queremos que alguien se calle o haga silencio. Hemos de recordar que este sonido no sólo corresponde a palabras escritas con "sh", sino que hay otras letras en diversas palabras y se pronuncian igual. Fíjate porque las letras subrayadas en las siguientes palabras tienen el mismo sonido: **she**, **nation**, **machine**, **social**, **sugar**.*

03

04

Te retamos

¿CONSEGUIRÁS RESPONDER A TODAS LAS PREGUNTAS?
Las siguientes preguntas tienen una dificultad creciente.
Juega con nosotros e intenta llegar hasta la última sin cometer errores.

1. Completa como corresponde.
"I'm busy at the moment. .... on the computer".
a) I work **b)** I'm work **c)** I'm working **d)** I working

2. ¿Cuál de las siguientes opciones completa correctamente la frase "........ will be nice to see you again".
a) It **b)** That **c)** You

3. ¿Puedes rellenar el espacio que falta en la frase? "My friend .... the answer to the question".
a) is knowing **b)** knows **c)** know

4. Elige la forma verbal que completa la frase.
"Unfortunately, the driver .... the red light".
a) didn't saw **b)** didn't see **c)** saw not

5. ¿La siguiente frase es correcta o incorrecta?
"She wouldn't like something to drink".
a) Correct **b)** Incorrect

6. ¿Qué opción completa correctamente la frase "If you want to eat apples, I'll get you .... at the store".
a) any **b)** some **c)** it

7. Cuando hablamos del verbo "cuidar", en inglés hacemos uso de:
a) look after **b)** look for **c)** look into

8. ¿De qué manera puedes completar la siguiente frase?
"Would you like something ....?"
a) another **b)** else **c)** other

Soluciones

#Te retamos: 1.- c; 2.- a; 3.- b; 4.- b; 5.- b; 6.- b; 7.- a; 8.- b.

¿Será que lo sé?

1.- Encontrar seis lugares o edificios que se encuentran en la ciudad. Se dan las letras iniciales: B, L, M, M, P, S.

J L C D Z E Y H
S E L D B R E E
C V J A A Z P S
H V N R M U X P
O K B U F V Q Q
O I M U S E U M
L K R A P T A S
T W N U V C A A

2.- Encontrar cinco pronombres reflexivos en la siguiente sopa de letras.

K S H F E E V H D D
M O M S C O M I P R
R W U V W Y T M C D
E D B R S E P S P V
U F L E S T I E I Z
C W L L S E X L N N
O F K H U K L F C S
T H E M S E L V E S
I R D H N O E K E Z
Y X T L F N Y A L S

Soluciones

1.- BANK, LIBRARY, MALL, MUSEUM, PARK, SCHOOL.
2.- MYSELF, HIMSELF, ITSELF, OURSELVES, THEMSELVES

FUENTES FOTOGRÁFICAS

01 © Carrienelson1 | Dreamstime.com
02 © Yong hian Lim | Dreamstime.com
03 © Maram | Dreamstime.com
04 © Wael Hamdan | Dreamstime.com
05 © Michael Mill | Dreamstime.com

01

In Paris Hilton's living room

Hoy Paris Hilton (1981, New York) nos ayudará a conocer el vocabulario que habitualmente usamos al referirnos a la sala de casa, lo que allí hay y lo que ocurre en ella. No perdamos la ocasión de aprenderlo, y también de conocerla.

Así es como Paris Hilton nos abre las puertas de su sala.

Vocabulario y frases comunes

- ***Come sit beside me on the couch.***
  Ven y siéntate a mi lado en el sofá.

- ***Don't take a nap on the couch; it ruins the cushions.***
  No duermas la siesta en el sofá; se estropean los cojines.

- ***Every time I sit back in the recliner, I fall asleep.***
  Cada vez que me echo hacia atrás en el sillón reclinatorio, me quedo dormida

- ***Why do you have every light in the living room on?***
  ¿Por qué tienes todas las luces de la sala encendidas?

- ***Please, don't prop your feet on the coffee table.***
  Por favor, no apoyes los pies en la mesa de centro.

- ***Do you like the new table lamps I just bought?***
  ¿Te gustan las nuevas lámparas de mesa que acabo de comprar?

- ***The new lamps don't go with those old end tables.***
  Las lámparas nuevas no van bien con esas mesas auxiliares antiguas.

- ***Children, stop wrestling on the carpet!***
  ¡Niños, dejen de luchar en la alfombra!

- ***Hey! Don't put your shoes on the armchair.***
  ¡Hey! No pongan los zapatos en el sillón.

- ***A two-piece living room set consists of a couch and a matching chair.***
  Un conjunto de sala de dos piezas está formado por un sofá y una silla compañera.

- ***Do you have to have the TV on so loud?***
  ¿Tienen que tener el volumen de la televisión tan alto?

- ***I really love a living room with a fireplace.***
  Me encantan las salas con una chimenea.

OUR SMS 

NO OLVIDES QUE OTRA FORMA DE DECIR I AM WORRIED ES I AM CONCERNED.
EJ.: SHE IS CONCERNED ABOUT HER SON (ELLA ESTÁ PREOCUPADA POR SU HIJO).

02

03

#Crucigrama

Verticales:
1. Una silla con respaldo y brazos.
2. Recibe imágenes y sonido.
6. Muestra la hora.
9. Crece en un macetero.

Horizontales:
3. Donde se puede hacer un fuego.
4. Un dibujo, pintura o fotografía.
5. Tiene una superficie plana y una o más patas.
7. Se usa para hablar con gente que está lejos.
8. Un asiento para más de una persona.

#También aprenderás riendo

Veamos un chiste que tuvo lugar en una sala. Esperamos que te guste.

My wife and I were sitting in the living room and I said to her, "Just so you know, I never want to live in a vegetative state, dependent on some machine and fluids from a bottle. If that ever happens, just pull the plug." So, she got up, unplugged the TV and threw out all my beer.

#Veamos

¿Cuál de las expresiones siguientes se usa para decir que alguien es muy rico?

a) You look like a million bucks.
b) You're rolling in money.
c) Money doesn't grow on trees.

#Soluciones

#Veamos: b. **#Crucigrama:** 1: ARMACHAIR, 2: TELEVISION, 3: FIREPLACE, 4: PICTURE, 5: TABLE, 6: CLOCK, 7: PHONE, 8: SOFA, 9: PLANT.

¿Será que lo sé?

1.- Completar los espacios con la forma afirmativa, negativa o interrogativa del pasado simple de los verbos correspondientes.

a) He .... his room green. *[paint (+)]*

b) The mechanic .... my car. *[repair (-)]*

c) .... it .... yesterday? *[rain (?)]*

2.- Corregir la oración que lo precise.

a) What do you do if you will fail the exam?

....

b) When she will phone me I will pick her up.

....

c) If you stay here you will see her in some minutes.

....

d) If they don't know the answer they can ask me.

....

Soluciones

1.- a) painted, b) didn't repair, c) Did...rain **2.-** a) What will you do if you fail the exam?, b) When she phones me I will pick her up, c) - , d) - .

FUENTES FOTOGRÁFICAS

01 © Carrienelson1 | Dreamstime.com
02 © Featureflash | Dreamstime.com
03 © Wisconsinart | Dreamstime.com

01 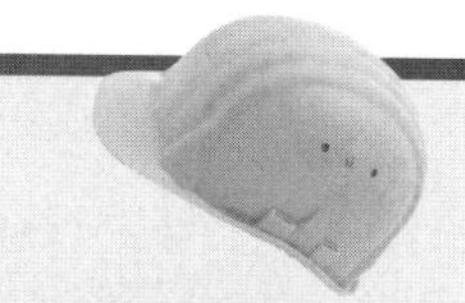 01

11 # Story of the day
At a construction site

Son muchas las personas que intervienen en la construcción de una obra: arquitectos, ingenieros, contratistas, trabajadores y proveedores. Todos ellos son una parte fundamental para que el proyecto se concrete con éxito. Existen también diferentes tipos de obras: construcción de edificios de apartamentos, de oficinas, casas, hospitales, centros comerciales, carreteras, puentes y muchos más. Para realizar cualquiera de estos trabajos, se necesitan profesionales y trabajadores con experiencia y capacitación en las diferentes técnicas de construcción, de uso de los materiales, herramientas y maquinaria. Si trabajas en el campo de la construcción, te resultará muy útil aprender la siguiente lista de palabras y frases que se usan en este tipo de trabajos.

Frases comunes

- ***When are they going to demolish that building?***
¿Cuándo van a demoler ese edificio?

- ***Who's on your crew?***
¿Quién trabaja en su grupo/equipo?

- ***First of all, we have to lay the foundation.***
Lo primero que tenemos que hacer es construir los cimientos.

- ***Stay off the wet cement.***
No pise el cemento húmedo/fresco.

- ***Where is the supervisor?***
¿Dónde está el supervisor?

- ***They are measuring the dimensions of the room.***
Ellos están midiendo las dimensiones de la habitación.

- ***Please, put the tools in the tool box and sweep the wood shavings.***
Por favor, mete las herramientas en la caja de herramientas y barre las virutas de madera.

- ***When will the project be completed?***
¿Cuándo estará terminado el proyecto?

- ***This project satisfies all regulations.***
Esta obra cumple todas las normativas.

Vocabulario

02

- ***lot*** *terreno*
- ***brick*** *ladrillo*
- ***pallet of bricks*** *palé de ladrillos*
- ***cement*** *cemento*
- ***concrete*** *concreto, hormigón*
- ***bucket of concrete*** *cubo de hormigón*
- ***foundation*** *base, cimientos*
- ***architect*** *arquitecto*
- ***(home)builder*** *constructor*
- ***bricklayer*** *albañil*

OUR SMS 

RECUERDA QUE **"BUT"** SIGNIFICA "PERO", AUNQUE TAMBIÉN SIGNIFICA "SINO".
OBSERVA: **HE DOESN'T SPEAK FRENCH, BUT ENGLISH.**

Recuerda lo básico

*Recuerda que para indicar procedencia usamos la preposición **"from"** (de, desde):*
I'm from Mexico. I'm Mexican.
Soy de México. Soy mexicano.
He's from the United States.
He's American. *Él es de EEUU. Es estadounidense.*

We're from Australia. We speak English.
Somos de Australia. Hablamos inglés.
Are you from Germany? Yes, I am.
¿Eres de Alemania? Sí, lo soy.

"From" *también aparece al final de las frases cuando preguntamos por procedencias:*

Where are you from? *¿De dónde eres?*
I'm from Colombia. *Soy de Colombia.*
Where is Eva from? *¿De dónde es Eva?*
She's from Brazil. *Es de Brasil.*

Cada oveja con su pareja

Relaciona cada expresión en inglés con su equivalente en español.

03

builder	A	☐	terreno
bricklayer	B	☐	albañil
worker	C	☐	martillo
hammer	D	☐	obrero
lot	E	☐	constructor

Completa

Elige la opción correcta para completar la frase.

If you have a pet, you must take care............it.

A of   B at   C about

04

Vida en ESTADOS UNIDOS

Los estadounidenses se saludan estrechándose las manos cuando son presentados o cuando se encuentran de nuevo, pero rara vez cuando se despiden (esta es más una costumbre europea). Un beso como saludo, acompañado de un ligero abrazo, también es un gesto habitual entre mujeres o entre hombres y mujeres que se conocen bien. Los varones estadounidenses pocas veces se abrazan o se besan en las mejillas.

#¡Ojo!

Has de tener en cuenta que en inglés se usa el artículo determinado (the) menos que en español. Veamos algunos casos en los que no se usa en inglés, pero sí en español.

- Al referirnos a algo de manera general:
Money is important for living.
El dinero es importante para vivir.

- Con los días de la semana y las estaciones:
The classes are on Mondays.
Las clases son los lunes.
It usually snows in winter.
Normalmente nieva en el invierno.

- Con la hora:
It's seven o'clock. *Son las siete en punto.*
- Con algunas expresiones, como:
watch televisión *mirar la televisión*
have lunch *almorzar*

- Con disciplinas deportivas:
I play football on weekends.
Juego al fútbol americano los fines de semana.

- Con tratamientos de personas:
Mr. Johnson *El Sr. Johnson*

05

Soluciones

#Cada oveja con su pareja: builder > constructor • bricklayer > albañil • worker > obrero • hammer > martillo • lot > terreno; **#Completa:** a.

¿Será que lo sé?

1.- Completar el crucigrama con las formas de pasado simple de los verbos correspondientes.

Across
2. To break
3. To eat

Down
1. To go
2. To buy

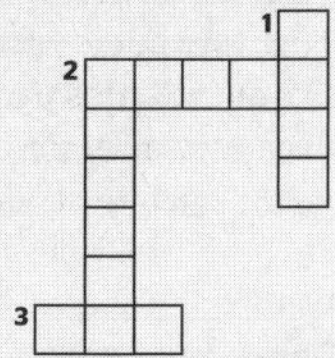

2.-Corregir la oración que lo precise.

a) I'll go home as soon as I will finish this activity.

....

....

b) If I were you, I would go to the theater tonight.

....

....

c) What would you do if you lived in the country?

....

....

d) I won't get off the train until it will stop.

....

....

Soluciones

1.- 1. WENT, 2. Across-BROKE, Down-BOUGHT. 3. ATE
2.- a) I'll go home as soon as I finish this activity. b) - , c) - , d) I won't get off the train until it stops.

FUENTES FOTOGRÁFICAS

01 © Alexander Pladdet | Dreamstime.com
02 © Gennady Poddubny | Dreamstime.com
03 © Superdumb | Dreamstime.com
04 © Frankmerfort | Dreamstime.com
05 © Stephen Denness | Dreamstime.com

Story of the day

Taking care of elderly people

Las personas mayores necesitan cuidados especiales por parte de instituciones y profesionales que estén preparados para atender su salud física y mental, y de esta manera brindarles asistencia médica y psicológica, así como también apoyo emocional. Es necesario que quien cuida a una persona mayor conozca cómo manejarse en situaciones de emergencia, tenga conocimientos (y práctica) de primeros auxilios, sepa cómo tratar a las personas que tienen enfermedades crónicas, incapacidad física o mental, y pueda comunicarse con fluidez, no solo con las personas a las que cuida, sino también con sus familiares y con los médicos. 01

Frases comunes

- ***Have you taken your medicine today?***
  ¿Ha tomado hoy su medicamento?
- ***Have you noticed any changes in your health?***
  ¿Ha notado cambios en su salud?
- ***You need to take your shot of insulin.***
  Necesita su inyección de insulina.
- ***I can help you getting up.***
  Puedo ayudarle a levantarse.
- ***Your insurance will pay for your doctor's visit.***
  Su seguro pagará su visita al médico.
- ***Let's go for a walk. You need to exercise more.***
  Vamos a dar un paseo. Necesita ejercitarse más.
- ***Is your vision getting worse?***
  ¿Está empeorando su visión?
- ***You need to change your diet.***
  Necesita cambiar de dieta.
- ***This man has dementia.***
  Este hombre tiene demencia senil.
- ***Are you receiving your social security checks?***
  ¿Está recibiendo sus cheques de la seguridad social?

Vocabulario

- ***caretaker*** *cuidador/a*
- ***nurse*** *enfermero/a*
- ***wheelchair*** *silla de ruedas*
- ***walker*** *andador, andadera*
- ***cane*** *bastón*
- ***medicine*** *medicamento*
- ***pill box*** *caja de píldoras, pastillero*
- ***blind*** *ciego/a*
- ***deaf*** *sordo/a*
- ***hearing aid*** *audífono*
- ***retirement home*** *residencia de ancianos*
- ***nursing home*** *geriátrico*
- ***daycare center*** *centro de día*
- ***roommate*** *compañero/a de cuarto*

OUR SMS 

RECUERDA QUE EL VERBO TO BE, ADEMÁS DE EQUIVALER A SER Y ESTAR, TAMBIÉN PUEDE SIGNIFICAR TENER, COMO EN HE IS HOT (ÉL TIENE CALOR).

Cada oveja con su pareja

Relaciona cada expresión en inglés con su equivalente en español.

02 deaf	A	☐	ciego
hearing aid	B	☐	bastón
cane	C	☐	audífono
blind	D	☐	silla de ruedas
wheelchair	E	☐	sordo

Ahora tú

¿Cuál de los siguientes verbos tiene el mismo significado que "take care"?

A take after

B look after

C turn up

#Recuerda lo básico

Cuando queremos obtener información personal de alguien es frecuente usar las siguientes preguntas: ***What is your name / address / telephone number?*** *¿Cuál es tu nombre / dirección / número de teléfono?*

What is your job? I'm a teacher. *¿Cuál es tu trabajo? Soy profesor.*

Where is he from? He's from Italy. *¿De dónde es? Es de Italia.*

How is she? She is not very well. *¿Cómo está? Ella no está muy bien.*

Do you have any brothers or sisters? *¿Tienes hermanos o hermanas?*

03

Vida en ESTADOS UNIDOS

Cuando le preguntamos a un estadounidense por algo, especialmente cuando se trata de solicitar ayuda haciendo la compra en tiendas y mercados o preguntando por una dirección, no se usan excesivos cumplidos preliminares, como ocurre en otros países. Un simple *"Excuse me"* (Disculpe) es suficiente para reclamar la atención. Los estadounidenses pueden sentirse amenazados y desconfiados si un extraño les aborda diciendo "Hello! How are you?", y no va al grano del asunto directamente. Ellos sí usan cumplidos con personas a las que conocen, pero incluso en esas situaciones, los estadounidenses son propensos a ir al grano relativamente rápido.

#¡Ojo!

Cuando quieres expresar que hay una sola cosa usarás **"there is"**, al igual que cuando te refieras a algo incontable:

There's (There is) a retirement home near here.
Hay una residencia de ancianos cerca de aquí.

There isn't much gasoline (gas) in the tank.
No hay mucha gasolina en el depósito.

Pero cuando quieres expresar que hay más de una cosa, usarás **"there are"**:

Are there many cars on the street?
¿Hay muchos autos en la calle?

There aren't (There are not) many people in the park.
No hay muchas personas en el parque.

#Responde

¿Cuál de las siguientes oraciones es incorrecta?

A She only has a little money.

B Does he did all the exercises?

C When you came home I was out.

Soluciones

#Cada oveja con su pareja: deaf > sordo • hearing aid > audífono • cane > bastón • blind > ciego • wheelchair > silla de ruedas; **#Ahora tú:** b; **#Responde:** b.

¿Será que lo sé?

1.- Usar el adjetivo acabado en "-ed" o en "-ing", según corresponda, derivado de: worry, surprise, interest, excite.

a) He is .... because he has a lot of problems.

b) Are you .... in philosophy?

c) The boy was .... because he met his favorite soccer player.

d) They were very good athletes but they didn't win the competition. It was ....

2.- Completar los espacios con el pretérito pluscuamperfecto de alguno de los verbos siguientes: finish, write, buy, have.

a) We ....a bunch of flowers for her.

b) They didn't stop until they .... the exercise.

c) This author ....some novels before he won that prize.

d) She .... never .... that reaction before.

Soluciones

1.- a) worried, b) interested, c) excited, d) surprising
2.- a) had bought, b) had finished, c) had written, d) had...had

FUENTES FOTOGRÁFICAS

01 © Ferenczi Gyorgy | Dreamstime.com
02 © Isselee | Dreamstime.com
03 © Olesia Bilkei | Dreamstime.com

01

Hoy recordaremos un partido de béisbol al que fuimos con Ashton Kutcher.

Hace unas semanas fuimos a un partido de béisbol con Ashton Kutcher y nos explicó las reglas del juego.
¿Quieres saber de qué pudimos hablar?

Frases comunes

- ***The pitcher of one team throws the ball to a batter from the other team.***
El lanzador de un equipo lanza la pelota al bateador del otro equipo.

- ***The batter attempts to hit the ball, but if he misses, it is called a strike.***
El bateador intenta golpear la pelota, pero si no lo hace, se denomina strike.

- ***If a batter gets three strikes, he loses his turn at bat and is called out.***
Si un bateador hace tres strikes, pierde su turno al bate y es eliminado.

- ***The batter is also out if he hits the ball in the air and an opposing player catches it.***
El bateador también es eliminado si golpea la pelota y un oponente la atrapa en el aire.

- ***If the batter hits the ball and it is not caught, he tries to run to one or more of the four bases on the field.***
Si el bateador golpea la pelota y no la atrapan, intenta correr a una o más bases de las cuatro que hay en el campo.

- ***Each baseball team has nine players.***
Cada equipo de béisbol tiene nueve jugadores.

Vocabulario

- ***baseball*** *béisbol*
- ***bat*** *bate*
- ***cap*** *gorra*
- ***glove*** *guante*
- ***helmet*** *casco*
- ***ball*** *pelota, bola*
- ***batter*** *bateador*
- ***pitcher*** *lanzador*
- ***catcher*** *receptor*
- ***catch*** *captura(r)*
- ***field*** *campo*
- ***base(man)*** *base*
- ***foul*** *falta*
- ***hit*** *golpe, golpear*
- ***throw*** *lanzar*
- ***runner*** *corredor*
- ***strike*** *strike*

02

Mejora tu pronunciación

El sonido de la letra "s" a veces no tiene equivalente en español, pero puede lograrse pronunciándola como un leve zumbido. Así ocurre, por ejemplo, en las palabras:
- easy
- busy
- is
-was *(entre otras muchas)*

También es el sonido de la **"z"** *inglesa.*

En la siguiente frase la encontramos varias veces:
This exercise is very easy.

Soluciones

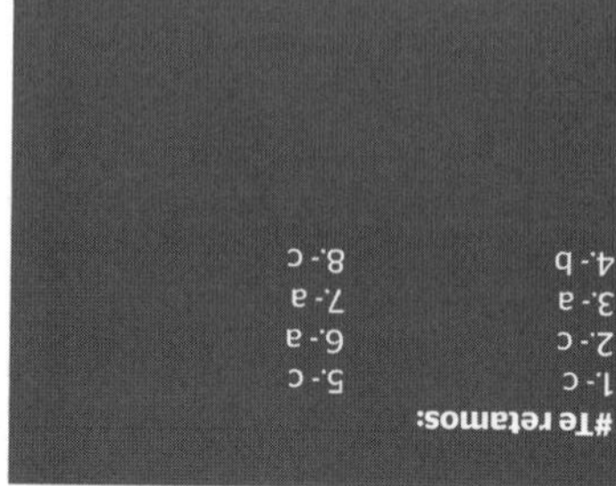

03

Te retamos

¿CONSEGUIRÁS RESPONDER A TODAS LAS PREGUNTAS?
Las siguientes preguntas tienen una dificultad creciente.
Juega con nosotros e intenta llegar hasta la última sin cometer errores.

1. ¿Cuál de las siguientes opciones no se usa para decir que estás pensando en alguien?
a) I'm thinking of you **b)** I'm thinking about you **c)** I'm thinking in you

2. Elige la opción que continúa el diálogo. " I need a hammer".
a) Who from? **b)** Where to? **c)** What for?

3. ¿De qué forma decimos el plural de la palabra "mouse"?
a) mice **b)** mouses **c)** mices

4. Sustituye las palabras subrayadas por el pronombre correspondiente. "I live with <u>my mother</u>".
a) she **b)** her **c)** hers

5. ¿Cuál es el significado de la palabra "once"?
a) once **b)** enseguida **c)** una vez

6. ¿Qué ciudad es la capital del estado de Washington?
a) Olympia **b)** Atlanta **c)** Washington D.C.

7. Completa correctamente la frase: "He....... some mistakes."
a) made **b)** did **c)** took

8. Si queremos decir que dejó de llover hace diez minutos, en inglés lo hacemos así
a) It stopped to rain 10 minutes ago
b) It stopped rain 10 minutes ago
c) It stopped raining 10 minutes ago

¿Será que lo sé?

1.- Señalar si las siguientes oraciones indican obligación, ausencia de obligación o prohibición.

a) You mustn't swim in this river. ....

b) You don't have to come with us. ....

c) You have to buy a ticket for the concert.

2.- Corregir la oración que lo precise.

a) If I had time I would have gone to see him. (But I didn't have time).

....

b) If I had seen him at the meeting I could have asked him.

....

c) What would you done if you had been the president of the company?

....

d) She'd have sent you an invitation if she had had your email address.

....

Soluciones

1.- a) Prohibición, b) Ausencia de obligación, c) Obligación
2.- a) If I had had time I would have gone to see him, b) - , c) What would you have done if you had been the president of the company? , d) - .

FUENTES FOTOGRÁFICAS

01 © Jaguarps | Dreamstime.com
02 © Lawrence Weslowski Jr | Dreamstime.com
03 © Monkey Business Images | Dreamstime.com

01

At a baseball game with Ashton Kutcher

Nos divertimos mucho en el partido de béisbol junto al actor Ashton Kutcher (1978, Cedar Rapids, Iowa). No olvides que la temporada de béisbol coincide con el buen tiempo. Dura 162 partidos, que arrancan a principios de abril y terminan con las World Series (o Series Mundiales) a mediados o finales de octubre, al mejor de siete juegos.

Vocabulario y frases comunes

- ***What's a home run? It takes place when a batter hits the ball and can make it around all four bases without being tagged out.***
¿Qué es un home run (jonrón)? Es cuando un bateador golpea la pelota y puede recorrer las cuatro bases sin ser eliminado.

- ***If a hitter stops on a base, he can advance again when the next hitter is at bat.***
Si un bateador se detiene en una base, puede avanzar de nuevo cuando el siguiente bateador se encuentre al bate.

- ***Any time a runner manages to reach home base, he scores a run.***
Cada vez que un corredor consigue llegar a la "home base" logra una carrera.

- ***Normally umpires work in a crew of four, taking turns to occupy the role of "Home Plate Umpire" for that day's game.***
Normalmente los árbitros trabajan en equipos de cuatro, turnándose para ocupar la función de árbitro principal en el partido de ese día.

- ***The home plate umpire stands just behind the catcher, and decides whether a pitch is a strike or a ball.***
El árbitro principal se encuentra detrás del receptor (catcher) y decide si un lanzamiento es strike o pelota válida.

- ***The home plate umpire normally calls a "strike" by throwing his arm out in a sharp manner.***
El árbitro principal normalmente indica "strike" sacando el brazo de una manera brusca.

- ***Remember that a baseman is a fielder positioned at either first, second or third bases.***
Recuerda que un base es un jugador de campo situado en la primera, segunda o tercera base.

- ***A Major League team may call up or promote a player from the minor leagues during the season.***
Un equipo de la Major League (liga principal) puede convocar o ascender a un jugador de ligas menores durante la temporada.

- ***The game was very exciting.***
El partido fue muy emocionante.

OUR SMS

NO OLVIDES QUE LA PALABRA "FAN" PUEDE SIGNIFICAR "VENTILADOR", PERO TAMBIÉN "AFICIONADO" O "SEGUIDOR" DE UN EQUIPO O BANDA MUSICAL.

02

03

#Es tu turno

Relaciona las partes que forman una oración correcta.

I took the book back...	A	1	in the library.
I bought the newspaper...	B	2	from the library.
I didn't see that book...	C	3	to the library when I read it.
I live very far...	D	4	and then went to the library.

#También aprenderás riendo

Veamos a continuación algunos chistes sobre el béisbol y sigamos practicando nuestro inglés. Esperamos que te gusten.

– **Mike:** Why is Yankee Stadium the coolest place to be?
– **Joe:** Why?
– **Mike:** Because it's full of fans.

– **Ann:** I don't understand baseball at all, do you?
– **Peter:** You don't have to understand it. Everything is decided by a man they call a vampire.

#Completa

I remembered to bring the radio .... I didn't forget the batteries.

A or B when C and

04

#Soluciones

#Es tu turno: a) 3, b) 4, c) 1, d) 2. **#Completa:** c.

¿Será que lo sé?

1.- Ordenar las letras de cada palabra relacionada con el aeropuerto. Ordenando las letras que se encuentran en las casillas con círculos se obtiene otra.

NAERILI
TOSSPPAR
HLGIFT
ETGA
SOTSCUM
DALEY

2.- Completar el crucigrama con los equivalentes en inglés del vocabulario sobre el restaurante que aparece en español.

Across
3. Mesero, camarero
4. Propina

Down
1. Entrante
2. Postres

Soluciones

1.- AIRLINE, PASSPORT, FLIGHT, GATE, CUSTOMS, DELAY -> PILOT
2.- 1. STARTER, 2. DESSERTS, 3. WAITER, 4. TIP

FUENTES FOTOGRÁFICAS

01 © Imagecollect | Dreamstime.com
02 © Lawrence Weslowski Jr | Dreamstime.com
03 © Diego Vito Cervo | Dreamstime.com
04 © Lawrence Weslowski Jr | Dreamstime.com